Heike Wendler

Vier Pfoten für ein Gloria

... und andere musikalische Tiergeschichten

Heike Wendler

Vier Pfoten für ein Gloria

... und andere musikalische Tiergeschichten

benno

Bibliografische Information der Deutschen Nationalbibliothek
Die Deutsche Nationalbibliothek verzeichnet diese Publikation in der Deutschen Nationalbibliografie;
detaillierte bibliografische Daten sind im Internet über http://dnb.d-nb.de abrufbar.

Besuchen Sie uns im Internet unter:
www.st-benno.de

Gern informieren wir Sie unverbindlich und aktuell auch in unserem Newsletter zum Verlagsprogramm, zu Neuerscheinungen und Aktionen.
Einfach anmelden unter www.st-benno.de

ISBN 978-3-7462-5269-8

Umschlaggestaltung: Rungwerth Design, Düsseldorf
Umschlagabbildung: © Betweenstrap/Fotolia (Orgel),
© Romantic/Fotolia (Katze)
Gesamtherstellung: Kontext, Lemsel (A)

Inhalt

Vier Pfoten für ein Gloria

Bei Benni und mir war es Liebe auf den allerersten Blick! Dabei hatte ich gar nicht vorgehabt, mich zu verlieben, schon gar nicht im Urlaub in Spanien! Doch wie sagte schon meine Oma? Wo die Liebe hinfällt ... Benni ist ein Mischlingsrüde, sehr süß, sehr lebhaft, sehr gesellig – und sehr einsam und hungrig. Er lebte das typische Leben eines spanischen Straßenhundes, was nichts anderes bedeutete, als dass sich keiner um ihn kümmerte, er kein Zuhause hatte und er sich allein durchschlagen musste. Sein eigentlich kuscheliges weiß-hellbraun-schwarz geschecktes Fell wirkte stumpf und struppig, dafür sprühten seine dunkelbraunen Knopfaugen eine Lebensfreude aus, die mich sofort fröhlich stimmte. Obwohl man das ja eigentlich nicht machen sollte, wurde ich sofort schwach. Ich bückte mich, streichelte ihn und damit war die Sache entschieden. Er folgte mir auf Schritt und Tritt und als ich meinen Besuch in Novo Sancti Petri beendete, folgte er mir wie selbstverständlich zu meinem Mietwagen und setzte sich erwartungsfroh neben diesen. Ich brachte es nicht fertig, ihn zurückzulassen. Eine Kopfbewegung reichte und er sprang brav auf die Rückbank.

„Du wolltest ja schon immer einen Hund, aber musstest du dir den nun ausgerechnet aus Spanien mitbringen? Gab es in Andalusien keine anderen Souvenirs?", fragten meine Eltern, als ich mit Benni im Schlepptau aus dem Urlaub wieder zurückkam. Ich war zwar inzwischen längst ausgezogen, aber ich pflegte ein ausgezeichnetes und inniges Verhältnis zu meinen Eltern. Nur beim Thema Haustiere waren wir schon immer unterschiedlicher Meinung gewesen. Als Kind hätte ich, wenn es nach mir gegangen wäre, daheim am liebsten einen kleinen Zoo aufgemacht. Doch es war natürlich nicht nach mir gegangen, sondern nach meinen Eltern, und die gestatteten mir keine Haustiere. Nun beäugten sie meinen Benni jedenfalls entsprechend skeptisch. Der ließ sich davon kein bisschen beeindrucken, beschnupperte sie fröhlich schwanzwedelnd und bekundete ihnen gegenüber ganz offen seine Zuneigung, was insbesondere Mama ziemlich spanisch vorkam.

„Der ist ja schon sehr zutraulich“, stellte sie zunächst stirnrunzelnd fest. Doch Benni wäre nicht Benni, wenn er sie nicht in null Komma nichts um die Pfote gewickelt hätte. Es dauerte jedenfalls nicht lange und Mama streichelte ihn.

„Wie hast du das denn dort gemacht? Du hast ihn doch bestimmt nicht mit ins Hotel genommen?“, wollte sie wissen.

„Doch, doch, ich hatte doch eine Ferienwohnung, da war das kein Problem. Es hat eigentlich keiner gemerkt“, erklärte ich. Dass mein kleiner Liebling im Urlaub zwei Kissen zerfetzt und eine Teekanne zerschlagen hatte, sagte ich lieber nicht. Denn noch hoffte ich, meine Eltern als Hundesitter einspannen zu können. Doch als ich diese Idee vorbrachte, waren sie wenig begeistert.

„Also wenn du auf was Regelmäßiges hinauswillst, Rebecca, nein, lieber nicht!“, antwortete Mama ehrlich. „Papa und ich sind gerade erst pensioniert, wir haben Tausend Pläne. Da kann ich dir nicht versprechen, dass wir jeden Tag mit Benni Gassi gehen können.“

Das verstand ich gut. Ich arbeitete als Kirchenmusikerin und betreute mehrere Gemeinden. Da wir in einer ländlichen Gegend wohnen, war ich viel unterwegs, um von einer Kirche zur nächsten zu fahren. Insbesondere die vier Chöre, die ich insgesamt betreute, legten großen Wert darauf, in ihrer jeweiligen Kirche zu proben, was ich eher charmant als hinderlich fand. Sie identifizierten sich mit ihrer Gemeinde und ihrer Kirche, das war in jedem Fall begrüßenswert. Oft hatte ich mehrere Termine am gleichen Tag, aber meist mit Pause für An- und Abfahrt dazwischen. Ich schätzte das eigentlich sehr, denn so wurde es nie langweilig. Und nun konnte ich dadurch, zumindest in meiner Vorstellung, auch die Versorgung meines neuen Hausgenossen gut in diesen abwechslungsreichen Alltag integrieren. Hätte ich einen gewöhnlichen Nine-to-Five-Job, wäre es sicher schwer geworden. Aber so sollte es funktionieren, mein Plan war wohldurchdacht!
Morgens, bevor ich zu den ersten Besprechungen aufbrach, wollte ich Benni füttern und mit ihm die erste Runde spazieren gehen, eine Art Frühsport sozusagen. So um die Mittagszeit würde ich eine Pause einlegen, die ich künftig daheim zu verbringen gedachte. Danach, so hoffte ich, würde Benni locker bis zum Abendbrot durchhalten, nach dem ich noch einmal mit ihm Gassi gehen würde. Und wenn ich Abendtermine hatte, was häufig vorkam, da ich meist abends mit den Chören probte, wäre dazwischen noch genug Zeit für Benni. Ich fand meinen Plan jedenfalls sehr praktikabel, zumal Benni sich in meiner Wohnung ganz schnell eingelebt hatte. Er hatte sofort die Ecke im Flur direkt vor meinem Schlafzimmer in Beschlag genommen.

Ich wohnte in einer hübschen Mietwohnung in einem Gebäude der Kirche. Früher war das mal ein Pfarrhaus gewesen, aber seit nicht mehr in jedem Dorf ein Pfarrer wohnte, brauchte die Kirche auch nicht mehr so viele Pfarrhäuser. Dieses war jedenfalls seit Jahren schon in mehrere Wohneinheiten aufgeteilt, eine davon bewohnte ich, und zwar die obere linke mit den schönen Dachschrägen und dem netten Balkon. Angesichts von Bennis Bewegungsdrang bedauerte ich es nun, damals nicht eine der unteren genommen zu haben, als ich noch die Wahl hatte, denn dann hätte er schön im Garten toben können. So sauste er wie ein geölter Blitz übers Parkett. Gut, dass meine Nachbarn unter mir nicht so empfindlich waren. Vorsorglich hatte ich sie informiert, dass ich ab sofort stolze Hundehalterin war.
„Das macht nichts, Rebecca“, hatte mir Christina versicherte. „Wir haben zwei Kinder, die durchs Haus rennen. Da hören wir den Hund gar nicht.“
Trotzdem war es ein komisches Gefühl, als ich Benni das erste Mal allein ließ. Mein Urlaub war vorbei und ich hatte im Gemeindezentrum elf Kilometer entfernt eine Besprechung mit dem Pfarrer. Es ging um die nächsten Gottesdienste, die die Chöre in den verschiedenen Kirchen mitgestalten sollten.
„So, Bennilein, ich gehe jetzt und du machst keinen Unsinn, ja?“,

verabschiedete ich mich von meinem neuen Mitbewohner, der mich schwanzwedelnd bis zur Wohnungstür begleitete. Erst als er mitbekam, dass ich durchaus vorhatte, ohne ihn zu gehen, begann er leise zu winseln und sprang an mir hoch.

„Ach, Benni, ich komme doch bald wieder!“, tröstete ich ihn und streichelte ihn noch ein bisschen. Zum Glück beruhigte er sich schnell wieder. Doch dann musste ich aber wirklich los. Um Benni abzulenken, warf ich ein Spielzeug in Richtung Küche und erwartungsgemäß sauste er los. Die Chance nutzte ich und verschwand fix. Ich widerstand der Versuchung, an der Tür stehen zu bleiben und zu lauschen, ob er anfing zu bellen, und eilte schnell die Stufen runter, stieg ins Auto und fuhr davon. Während der Besprechung wanderten meine Gedanken jedoch immer mal wieder zurück zu Benni, aber ich erwartete nicht wirklich, dass er etwas anstellte. Umso überraschter war ich, als ich heimkam und mich meine Nachbarin schon vor dem Haus abfing.

„Also dein Hund, liebe Rebecca, der dreht ja völlig durch, wenn du weg bist!“ Sie schüttelte mit einer Mischung aus Ungläubigkeit und leichter Verärgerung den Kopf. „Ich dachte ja, ich sei abgehärtet, aber der dreht voll auf, unfassbar! Erst hat er ja nur leise gewinselt, doch dann wurde es immer lauter, und seit ungefähr einer Stunde poltert es immer wieder ganz heftig. Klingt fast so, als würde er dir die Bude auseinandernehmen!“

Ich hörte ihn auch schon bellen und ahnte Schlimmes. Rasch stürzte ich die Treppen hinauf und als ob Benni mein Kommen hören konnte, wurde es schlagartig ruhig hinter meiner Wohnungstür. Kein Bellen mehr, kein Jaulen, nur unruhiges Getrappel. Vier aufgeregte Pfoten auf Parkettboden!

„Hey, Benni, was machst du denn für Sachen?“, fragte ich, als ich vorsichtig die Tür öffnete. Kaum war ich drin, nahm Benni mich in Beschlag, sprang an mir hoch, hechelte wie wild und war kaum zu beruhigen.

„Ist ja gut“, versuchte ich ihn zu beruhigen. Benni japste und jaulte, als ob wir uns wochenlang nicht gesehen hätten. Im Wohnzimmer hatte er die Stühle umgerissen, offenbar war er darauf oder gegen die Lehnen gesprungen. Auch meine Zimmerpalme war umgekippt; die Erde verteilte sich nun im Wohnzimmer. Offensichtlich war Benni durch die Erde gesprungen und hatte sie so fast in der gesamten Wohnung verteilt. Zumindest in Küche, Wohnzimmer und Flur, Bad und Schlafzimmer waren durch die geschlossenen Zimmertüren unversehrt geblieben. „Puh, du hast dich ja gut amüsiert“, stöhnte ich und warf ihm einen ärgerlichen Blick zu. Doch seine braunen Kulleraugen stimmten mich sofort wieder milde. Er war einfach nur sehr, sehr einsam und verzweifelt, machte ich mir klar. Auch wenn ich mich bemühte, nicht sauer zu sein, war das Aufräumen keine Freude. Ich brauchte nämlich gut zwei Stunden, bis ich die Wohnung wieder in Ordnung gebracht hatte, und dann musste ich auch schon wieder los zu einer Chorprobe. Unschlüssig betrachtete ich meinen um mich herumwuselnden Benni. Ihn nochmal allein lassen? In der gerade erst aufgeräumten Wohnung? Ich atmete tief durch und warf Benni einen kritischen Blick zu. Der schmeichelte um meine Beine herum und guckte mich aus seinen Knopfaugen ganz treuherzig an.

„Aber nichts anstellen, hörst du?“, sagte ich zu ihm und musste dabei über mich selbst lachen. Was hatte ich mich früher immer über Tante Mathilde amüsiert, die ihren vier Katzen beim Weggehen immer erklärt hatte, dass sie gleich wiederkäme. Nun war ich dabei, das Gleiche zu tun. Ich redete mit meinem Hund, als würde der mich verstehen. Andererseits, ich lugte kurz zu Benni, der wie auf Kommando an mir hochhopste, er tat auch alles, damit ich genau das glaubte!
Ich sperrte ihn ins Arbeitszimmer. Dort, so meine kühne Vermutung, konnte er am wenigsten anstellen. Mein Laptop steckte ich in die Schublade, da war es sicher, und meine Papiere hatte ich erst abgeheftet, keine Chance auf ein großes Chaos. Zudem gab es in dem Raum auch nichts, woran sich Benni hätte verletzen können. Auf dem Fensterbrett standen auch keine Topfpflanzen, hier auf der Nordseite war es dafür nämlich viel zu dunkel. Ja, hier konnte er gut bleiben, auch wenn er sich dann mit knapp elf Quadratmetern begnügen musste. Doch ich hatte ja auch nicht vor, ewig wegzubleiben.
„Keinen Unsinn machen, Benni!“, belehrte ich meinen Liebling. Die Tür ließ er mich noch ohne Probleme schließen, doch als ich aus der Wohnung flitzte, um noch pünktlich zu meiner Chorprobe zu kommen, hörte ich ihn schon leise winseln. Am liebsten wäre ich umgedreht und hätte ihn gestreichelt, doch das ging natürlich nicht.
Kaum im Auto, heulte ich mich bei meiner Mutter aus, denn ich kam mir irgendwie schäbig vor, den armen Benni allein zurück zu lassen.
„Benni ist ein Hund, kein Kleinkind“, stellte Mama klar.

„Außerdem muss er sich ans Alleinsein gewöhnen, sonst richtet sich dein Leben bald nur noch nach deinem Hund und seinen Befindlichkeiten."

„Aber er tut mir so schrecklich leid! Vermutlich hat er richtig Panik, dass ich nicht wiederkomme. Vielleicht sollte ich mit ihm mal zum Tierarzt gehen?", überlegte ich. Doch Mama zeigte auch dafür wenig Verständnis. Sie war eben sehr pragmatisch, was nicht das Schlechteste ist. Und bis zu einem gewissen Punkt gab ich ihr ja auch recht. Hunde waren Rudeltiere, so viel wusste ich, die brauchten einen starken Rudelführer. Und für Benni war ich das. Wenn ich nun Schwäche zeigte, würde ich seine Akzeptanz verlieren, das erzählten die ganzen Hundetrainer im Fernsehen auch immer wieder. In der Theorie war mir das alles klar, nur tat er mir eben leid. Er hatte schon genug durchgemacht in seinem früheren Leben als Straßenhund. Ein paar alte Narben hatte ich unter dem dichten Fell schon gefunden, und das eine Ohr war eingerissen – sicherlich Zeichen früherer Kämpfe oder Misshandlungen. Ich mochte es mir gar nicht so genau ausmalen.

Zum Glück forderte die Chorprobe meine ganze Aufmerksamkeit. Wir übten ein paar Choräle von Felix Mendelssohn Bartholdy und nach dem dritten, vierten Durchlauf spürte ich, wie meine angespannten Nerven sich beruhigten. Musik hatte mich immer schon entspannt, darin ging ich auf. Besonders die schönen Harmonien von Mendelssohn Bartholdy wirkten da geradezu Wunder. Zum Glück liebte der Pfarrer die Musik der Romantik genauso wie die Gemeinde und ich. Ein paar Chormitglieder hatten zwar auch mal gefragt, ob wir nicht modernere Stücke singen könnten, aber

an Arvo Pärt und ähnlich schräge Musik komme ich nicht ran. Vielleicht später einmal.
„Das war großartig!", lobte ich den Chor. Heute hatte nur der Jugendchor der Gemeinde geübt. Die meisten hatten die Firmung noch vor sich, einige waren allerdings schon Studenten. Zum Glück hatten wir immer regen Zulauf, somit fiel es nicht sehr ins Gewicht, wenn nach dem Abitur einige Mitglieder den Chor verließen. Nach der Probe kam ich nicht sofort los. Es gab immer jemanden, der noch etwas mit mir besprechen wollte. So auch diesmal. Ob die Viertelstunde am Ende irgendwas geändert hätte, weiß ich nicht, jedenfalls hatte Benni das Alleinsein gar nicht gut verkraftet. Schon als ich aus dem Wagen stieg, sah ich den missbilligenden Ausdruck in den Augen meiner Nachbarin, die gerade mit ihren Kindern im Garten war. „Also dein Hund ...!", sagte sie nur und verdrehte die Augen. „Ehrlich, ich verstehe ja, dass er sich erst an alles gewöhnen muss, aber nervig ist er schon."
So abgehärtet, wie sie behauptet hatte, war sie offenbar nicht, schoss es mir durch den Kopf. Ich war aber schon mal vorgewarnt und stieg mit gemischten Gefühlen die Stufen zu meiner Wohnung hinauf. Die gute Nachricht war, dass es Benni nicht geschafft hatte, sich aus dem Arbeitszimmer zu befreien. Das war aber auch schon alles! Kaum hatte ich die Tür zum Arbeitszimmer geöffnet, steckte er seine Schnauze durch den Türspalt.
„Ja, Benni, sag mal, was machst du denn für Sachen?", redete ich auf ihn ein. Es nützte ja nichts, also öffnete ich die Tür ganz – und erstarrte! Die Gardine war Opfer einer Attacke geworden und hing nur noch in Fetzen an der zum

Glück sehr gut befestigten Gardinenstange. Auf dem Teppich erkannte ich einen braunen Haufen und die Leckerli, die ich ihm hingestellt hatte, hatte er nicht etwa verspeist, sondern sie im ganzen Zimmer verteilt und zertrampelt. Er muss arg in Panik gewesen sein, anders war der Zustand des Zimmers nicht zu erklären. Seufzend machte ich mich ans Aufräumen, immer Benni im Schlepptau, der mich keine Minute aus seinen Knopfaugen ließ und mir wie aufgezogen zwischen den Beinen herumwuselte. Ich spürte seine Unruhe jedenfalls deutlich. Als ich fertig war, gingen wir ausgiebig Gassi, ich scheuchte ihn eine Extrarunde über die Wiese, in der Hoffnung, ihn dadurch auszupowern, doch an seiner Anhänglichkeit änderte das gar nichts.
Am nächsten Morgen, ich musste zu einem Termin mit unserem Pfarrer, kam mir eine Idee.
„Kannst du nicht vielleicht auf Benni aufpassen?“, fragte ich meine Nachbarin. „Er ist wirklich total lieb und tut niemandem etwas, aber ich befürchte, dass er einfach nicht allein sein kann.“
Christina überlegte einen Moment, stimmte dann aber zu. „Okay, er kann gern runter in den Garten kommen, in die Wohnung will ich ihn aber nicht lassen.“
Das war doch ein Wort! „Oh, du bist super, danke!“, freute ich mich.
„Komm, Benni, du darfst heute im Garten bleiben“, erklärte ich meinem kleinen Liebling. Okay, dachte ich, jetzt war es so weit, nun sprach ich wirklich schon alles mit dem Hund ab. Zumindest meine Nachbarin schien das aber nicht seltsam

zu finden. Sie grinste nur und begrüßte Benni dann auch wie einen Freund. Offenbar hatte Benni diese vertrauensfördernde Wirkung auf Menschen.
Mein Gespräch mit dem Pfarrer lief gut, einmal unterwegs nutzte ich noch die Zeit, bei meiner Amtsvorgängerin vorbeizuschauen, die in einem kleinen Ort etwas abgelegen wohnte und inzwischen fast 80 Jahre alt war. Sie hatte eine Katze, die mich anfauchte und, ganz ungewohnt, einen großen Bogen um mich machte. Wahrscheinlich roch ich nach Hund.
„Ich habe doch jetzt einen Hund!", erklärte ich Rosalinde lachend und berichtete ihr von Benni und seinen Eskapaden.
„Nimm ihn doch mit zu den Chorproben!", schlug Rosalinde beherzt vor. „Weißt du, der Georg Friedemann, der war mal Organist bei uns, der hatte immer seinen Bernhardiner mitgebracht. Rudi hieß der, glaube ich, ein wunderschönes Tier! Der lag dann immer oben neben der Orgelbank und schaute dem Georg beim Spielen zu. Der ist richtig alt geworden, der Rudi, am Ende war er fast taub und blind, aber der Georg hat ihn bis zum Schluss mitgebracht!"
„Mein Benni ist aber ein aufgeweckter Mischling, kein ruhiger, behäbiger Bernhardiner", gab ich zu bedenken. Doch Rosalinde winkte ab. „Ach, sag dem Pfarrer, dass es nicht anders geht, der hat nichts dagegen. Und du wirst sehen, so ein Hundchen kann die Chorrunden schon auflockern!"
Als ich ins Auto stieg, war ich überzeugt. Ich würde Benni ab sofort einfach mitnehmen, zumindest wann immer es irgendwie möglich war. Dann hatte ich ihn selbst unter Kontrolle und musste auch nicht ständig fragen, ob sich

jemand bereiterklärte, ihn zu nehmen. Ich hoffte einfach auf das Verständnis meiner Mitmenschen, schon weil sich die Geduld meiner lieben Nachbarin nach nur einem Nachmittag Hundebetreuung sichtlich in Grenzen hielt.
„Dein Benni hat uns ganz schön auf Trab gehalten!", gab sie zu. „Leider haben die Kinder das Gartentor offen gelassen, das hat Benni natürlich genutzt. Wir haben ihn aber wieder eingefangen, keine Bange. Er hatte jedenfalls genug Auslauf für heute, wir übrigens auch!", gab sie zu.
Und ich wagte gar nicht zu fragen, ob sie ihn noch einmal nehmen würde. Wie gut, dass ich einen Plan B hatte!
„Na komm", pfiff ich Benni ran. Hechelnd kam er auf mich zugestürmt, er sah kein bisschen ausgepowert oder fertig aus, im Gegensatz zu meiner Nachbarin. Kaum oben in der Wohnung rief ich unseren Pfarrer an, der erst einmal nicht müde wurde, mein Engagement in Sachen Tierliebe zu loben und mir dann versicherte, dass er natürlich kein Problem damit hatte, wenn ich Benni mitbrachte.
„Im Notfall lassen Sie ihn auch mal hier bei mir", bot er an. Er war wirklich eine Seele von Mensch!

Am nächsten Morgen winselte Benni schon, bevor ich nach der Jacke greifen konnte.
„Keine Panik, mein Freundchen, du kommst heute mit!", sagte ich und leinte ihn an. Im Auto hatte ich eine Transportbox auf dem Rücksitz befestigt, darin nahm er bereitwillig Platz. Offenbar war ihm alles lieber als allein daheim zu bleiben, Berührungsängste kannte er jedenfalls nicht. Benni mochte Autofahren, das hatte ich ja bereits auf der Rückfahrt von Andalusien gemerkt. Als wir über die Land-

straße brausten, kam jedenfalls kein Mucks von hinten. Am Ziel überlegte ich kurz, ob ich ihn vielleicht besser im Wagen lassen sollte, doch dann nahm ich ihn lieber mit. Aufgeregt sprang Benni vor mir her, schnüffelte hier, schnupperte da und hob an jedem zweiten Baum das Bein.

Heidelinde Weiß empfing uns lachend und beugte sich zu Benni runter, der sich nur zu gern von ihr streicheln ließ. Sie war schon seit ihrer Jugend Mitglied diverser Kirchenchöre und sang heute noch in einem der von mir betreuten Chöre. Zudem übernahm sie gern die Organisation von Konzerten, eine ungemeine Erleichterung für mich. Ich liebte zwar Musik und spielte von Orgel über Klavier bis hin zu Gitarre einige Instrumente, aber ich dachte häufig nicht daran, genügend Kopien von neuen Noten zu machen. Heidelinde dachte an alles und hatte immer ein Lächeln auf den Lippen. Ich wünschte wirklich, ich hätte nur mit solch positiven Menschen zu tun.

„Benni kann nicht allein bleiben, da verwüstet er alles“, erklärte ich ihr.

„Das ist doch kein Problem“, lachte Heidelinde und streichelte den unablässig um sie herumwuselnden Benni. „Die Kinder freuen sich bestimmt!“

Das vermutete ich auch. Meine kleinen Jungen und Mädchen waren alle wunderbar engagiert, da musste ich oft bremsend eingreifen. Sie sangen mit großer Begeisterung und kannten auch die Liedtexte auswendig.

„Die Proben sind zum Üben und Probieren da“, erklärte ich ihnen immer wieder. Ein bisschen Engagement auch daheim war ja durchaus wünschenswert, besonders vor den Feiertagen, wenn sich die Auftritte des Kinderchores häuften und mein Arbeitspensum gewaltig nach oben schnellte. Aber man konnte es auch übertreiben und ein paar übereifrige Kinder hatte ich schon dabei. Sie empfingen mich schon schnatternd und mit ihren Liedblättern in den Händen. Nur wurden sie dieses Mal von Benni abgelenkt, der gleich in den Probenraum stürmte, überall herumschnüffelte und sich dann von allen Seiten Streicheleinheiten abholte.

„Wollen wir dann mal loslegen?“, rief ich in die aufgeweckte Stimmung hinein. Zwanzig Kinder im Alter zwischen acht und zwölf Jahren begaben sich nun schnatternd auf ihre Plätze, während ich mich ans Klavier setzte. Sie stellten sich auf, Benni sprang jedoch weiter fröhlich zwischen ihnen herum. Es war schon selten, dass alle Kinder beisammen waren, meist fehlten ein paar, sei es aus schulischen Gründen oder auch mal wegen Krankheit oder anderer Termine. So streng sah ich das bei einer regulären Probe nicht. Auch wenn bis Weihnachten noch viel Zeit war, standen die Lieder dafür bereits auf unserer Probenliste. Bei den Weihnachtsliedern hielt ich mich gern an die Klassiker. Heute stand „Vom Himmel hoch, o Englein, kommt“ auf meinem Programm. Den Text hatte ich ausgegeben, ich stimmte die ersten Töne an – und Benni begann zu jaulen.

„Der will mitsingen“, kicherte jemand in der zweiten Reihe. Ich warf meinem Hund einen strengen Blick zu – und stimmte wieder an. Benni blieb zwar zunächst sitzen, allerdings begann er schon nach der ersten Liedzeile herumzulaufen und an den Kindern hochzuspringen. Einige Kinder konnten das gut wegstecken, sie ließen sich kein bisschen davon beeindrucken, aber insbesondere die kleinen Kinder,

die ohnehin noch nicht sehr lange dabei waren und die auch nicht sehr sicher im Singen waren, ließen sich rasch ablenken. Es wurde jedenfalls eine sehr unruhige Chorprobe, die mich nicht wirklich zufriedenstellte.
„Am besten scheuchst du deinen Benni vor der nächsten Probe mal kräftig über die Wiesen", schlug Heidelinde vor. „Dann ist er fix und fertig und gibt Ruhe! Oder du bringst sein Spielzeug mit, dann ist er auch beschäftigt."
Die Proben bei den Erwachsenen liefen deutlich besser, was mit Sicherheit daran lag, dass die sich von meinem wilden Benni nicht aus der Ruhe bringen ließen und ihn im Zweifelsfall einfach ignorierten. Das quittierte Benni zwar anfangs mit einem unwilligen Aufbellen, da aber auch darauf keiner groß reagierte, ließ er von den Sängerinnen und Sängern ab und trollte sich. Er suchte sich eine Ecke und blieb dort still liegen, wie ich zufrieden registrierte. Auch bei den Sitzungen der Gremien verhielt er sich recht ruhig,

natürlich erst, nachdem er sich reihum seine Streicheleinheiten abgeholt hatte. Nur die Proben mit dem Kinderchor beruhigten sich nicht.

„Bitte ignoriert ihn einfach beim Singen, ja?", bat ich die Kinder. „Bei den anderen klappt das ganz prima! Wenn Benni euch um die Beine herumspringt, dann tut so, als ob ihr das gar nicht merkt, okay?"

Die meisten Kinder guckten schon zu Anfang skeptisch und es klappte auch nicht. Wenn zwei oder drei es schafften, Benni zu ignorieren, dann sprang er ganz schnell zu denen rüber, die es nicht schafften. Und wer das war, hatte Benni ganz schnell herausbekommen.

„Julia, lass dich nicht ablenken!", erinnerte ich eine kleine Rothaarige mit frechen Sommersprossen. Ich hatte gesehen, wie sie Benni ein paar Leckerli zusteckte.

„Aber ich hätte so gern auch einen Hund", brachte sie als Entschuldigung vor. „Er ist doch so süß!" Daraufhin entspann sich zwischen den Kindern eine rege Diskussion, wer welches Haustier hatte oder gern haben wollte.

„Hallo, hier spielt die Musik, wir wollen weitermachen!", erinnerte ich meine Chorkinder. Nach einer gefühlten Ewigkeit konnten wir weitersingen, allerdings mit freundlicher Unterstützung und gelungener Ablenkung durch Benni.

„Das ist kein Zustand", erklärte ich Heidelinde unzufrieden und sah sie ratlos an. „Die Kinder können so nicht richtig proben und Benni dreht danach auch immer völlig frei. Es dauert Stunden, bis er wieder runterfährt. Dabei liebt er Musik. Als ich gestern mit den Männern die Taizé-Gesänge geübt habe, hat er geschnarcht!"

Heidelinde lachte. „Ja, der Karl hat es mir erzählt! Das fanden alle so lustig! War für ihn wohl Entspannung pur!"
„Ich wünschte, er wäre hier so entspannt. Vielleicht sollte ich mit den Kids auch mal ein paar Taizé-Gesänge probieren?", überlegte ich laut.
Kurz vor der nächsten Probe drückte mir Heidelinde ein paar Texte in die Hand. „Los, probiere das mal!", schlug sie vor.
„Laudate omnes gentes?", fragte ich verwundert. „Warum nicht?", beschloss ich, den Versuch zu wagen. Doch was bei den Herren funktionierte, ging bei den Kindern nach hinten los. Es war jedenfalls nichts anders als sonst, wir hätten genauso gut „Alle meine Entchen" singen können. Auf ihr Verhalten und das von Benni hatte unser Repertoire jedenfalls keine Auswirkungen. Dafür kam Julias Oma, Margit Lanzer, nun interessiert näher.
„Also, ich liebe Taizé-Gesänge", gab sie zu. „Ich war sogar schon mal in Taizé. Es war großartig. Schön, dass Sie das jetzt auch mit den Kindern singen. Das ist so herrlich beruhigend!"
„Leider nicht für Benni", sagte ich und zeigte auf meinen wuseligen kleinen Freund. „Den beruhigt es nur, wenn die Herren das Lied anstimmen!"
„Ach, das liegt nicht an dem Lied", beruhigte mich Frau Lanzer. „Das liegt an der Kombination von Kindern und Hund! Wissen Sie, die meisten Kinder lieben Hunde, und Hunde sehen Kinder offenbar als natürliche Spielgefährten an. Zum Glück haben Sie keinen beißwütigen Kleinspitz oder so einen lauten Kläffer. Ihr Benni zeigt doch nur sein Temperament. Julia liebt ihn total! Sie arbeitet schon eif-

rig daran, ihre Eltern davon zu überzeugen, dass sie einen Hund bekommt, am liebsten einen spanischen Mischling!", lachte Frau Lanzer.

„Wenn Sie mögen, kann ich mit Benni ja spazieren gehen!", bot Margit Lanzer an. „Das mit den Taizé-Liedern klappt ja doch nicht! Und so bin ich wenigstens sinnvoll beschäftigt, bis die Probe rum ist! Dann beruhigen sich die Kinder bestimmt schnell wieder und Sie können in Ruhe proben. Was sollte es denn eigentlich heute werden?"

„Gloria, Ehre sei Gott", sagte ich wahrheitsgemäß. „Der Pfarrer stellt sich vor, dass der Kinderchor damit einmal die Messe bereichert."

„Wie schön!", freute sich Margit Lanzer. „Das ist eines meiner Lieblingslieder im Gotteslob! Dann drehe ich mit Benni mal eine Runde", schlug sie vor und pfiff – laut und viel kräftiger, als ich es der zierlichen Mittsechzigerin zugetraut hätte. Benni guckte – und kam angesaust. Auch die Kinder waren gleich mucksmäuschenstill.

„Komm, Benni, wir gehen jetzt spazieren!", sagte sie und nahm mir die Leine aus der Hand. Sie leinte ihn an und Benni trabte widerstandslos an ihrer Seite aus dem Probenraum. „Rudelführer", echote in mir die Stimme des Fernsehhundetrainers. Margit Lanzer hatte es jedenfalls drauf.

„Dann machen wir jetzt mit dem ‚Gloria' weiter! Gotteslob 169", sagte ich und stimmte das Lied an. Ich spielte es erst einmal durch und sang vor, dann stimmten die Kinder ein. Wir sangen das Lied drei Mal komplett durch, kurz vor dem dritten Mal kamen Margit Lanzer und Benni zurück. Beide setzten sich leise an die Seite und lauschten den singenden Kindern.

„Das war herrlich!", lobte Margit Lanzer nicht nur ihre Julia, sondern alle Kinder. Dann strich sie Benni über den Kopf. „Und wir hatten richtig viel Spaß draußen!"
Benni wedelte mit dem Schwanz und Margit Lanzer versprach, beim nächsten Mal wieder zur Stelle zu sein. Das war sie dann auch, sehr zu meiner Erleichterung und Bennis großer Freude. Sie gingen spazieren, während ich mit den Kindern probte. Da dem Pfarrer das „Gloria" wirklich wichtig war, wurde das Lied unser neues Abschlusslied, welches wir zum Schluss jeder Probe einmal komplett durchsangen. Es dauerte nicht lange und die Kinder sangen es völlig fehlerfrei, was nicht nur mir auffiel, sondern auch von Benni mit einem leisen Jaulen während des Refrains quittiert wurde. Das „Gloria" wurde so vom Lieblingslied des Pfarrers zum Lieblingslied des gesamten Kinderchores – und dem von Benni, der immer wieder gern einstimmte, wenn er den Refrain irgendwo hörte.

Hoch soll er leben!

„Pst, er kommt!“, rief Ruth in den Probenraum und augenblicklich verstummte der mehrstimmige Gesang. Gerade noch rechtzeitig, bevor Konrad Hagedorn die Tür öffnete. Erleichtert stellte Ruth fest, dass er nichts mitbekommen hatte. Sie lächelte ihm charmant zu, was er mit einem freundlichen Nicken quittierte, dann schloss er hinter ihr die Tür. Die Chorprobe konnte beginnen. Mit einem verschmitzten Grinsen, das er zum Glück nicht sehen konnte, weil sie ihm den Rücken zugewandt hatte, nahm sie ihren Platz ein. Nichts deutete darauf hin, dass hier eine verdeckte Operation, eine konspirative Verschwörung, wie Konrad selber es nennen würde, angelaufen war. Doch diese Verschwörung diente einem guten Zweck, nämlich Konrad selbst, der demnächst einen runden Geburtstag hatte.

Beim Singen mit ihren Freunden und Bekannten aus der Gemeinde konnte Ruth abschalten. Sie begleiteten oft die Gottesdienste musikalisch und gaben zwei bis drei Mal im Jahr ein größeres Konzert in der Kirche. Wann immer sie sang, wanderten ihre Gedanken weit weg von allen Alltagssorgen. Auch heute versank sie in den Texten und Melodien. Sie probten bereits für die Adventszeit und Gabriele Konradi, die den Chor leitete, stimmte gerade den Choral „Wie soll ich dich empfangen“ aus Bachs Weihnachtsoratorium an. Das Stück kannte Ruth beinahe auswendig, sie hatte das „WO“, wie das Weihnachtsoratorium vom Chor liebevoll genannt wurde, schon viele Male mitgesungen.

„Die Aufführung ist wieder am Samstag vor Weihnachten", verkündete Gabriele. „Die Choräle habt ihr ja gut drauf. Aber an den großen Chören müssen wir noch viel arbeiten. Beim ‚Ehre sei Gott' klappert es noch. Da macht jeder sein eigenes Tempo. Das üben wir als Nächstes." Ruth liebte diese Proben. Gabriele wirkte zwar auf den ersten Blick streng, aber sie war sehr umgänglich, kam mit allen gut aus, und am Ende waren dann alle mit den Konzerten überaus zufrieden.

Ruth konzentrierte sich auf Text und Noten, trotzdem schweiften ihre Gedanken ab. Vielleicht lag es daran, dass sie den Choral zu gut kannte. Viel hatte sich verändert in den vergangenen Jahrzehnten. Die meisten der alten Freunde und viele Verwandte waren weggezogen, hatten irgendwo in der Ferne ihr Glück versucht. Konrad hatte es geschafft, die kleine Tierhandlung, die seine Eltern schon betrieben hatten, durch alle Turbulenzen hindurch zu halten. Nun stand sein 60. Geburtstag bevor und der Chor hatte sich etwas ganz Besonderes ausgedacht.

„Lasst uns ihm ein Ständchen bringen!", hatte Gabriele vorgeschlagen. „Sein Lieblings-Geburtstagslied, das, was er allen immer vorsingt, ob sie wollen oder nicht!"

Das allgemeine Gelächter zeigte, dass die meisten von ihnen bereits in den Genuss dieser Gesangseinlage gekommen waren. Doch was seinen eigenen Geburtstag betraf, gab es ein Problem, zumindest wenn sie ihn alle zusammen überraschen wollten.

„Konrad will seinen Geburtstag nicht feiern", wusste Ruth. „Elisabeth, Konrads Frau, hat mich extra noch mal drauf hingewiesen. Es gibt nur ein kleines Essen mit der Familie, mehr nicht! Damit haben wir keine richtige Gelegenheit für ein Geburtstagsständchen!" Ruth verdrehte die Augen. „Ihr kennt ihn doch, er will nicht im Mittelpunkt stehen!"

Alle hatten überlegt und gegrübelt, dann hatte Gabriele eine Idee! „Wir überraschen ihn einfach in seinem Laden, den öffnet er immer, auch an seinem Geburtstag! Wisst ihr nicht, was er immer sagt? Den Tieren ist es egal, ob es Wochenende oder Feiertag ist, die müssen gefüttert werden! Er würde nie seine Meerschweinchen oder die ganzen kleinen Hamster und Mäuse verhungern lassen!"

Konrad und seine Tiere, das war ein Kapitel für sich! So sehr er in der Musik aufging, so sehr liebte er auch seine kleinen Viecher, wie Ruth sie insgeheim nannte. Die Tierhandlung hieß passenderweise „Flügel- und Pfötchen-Paradies". Meerschweinchen, Goldhamster, weiße Mäuse und Papageien lebten bei ihm wirklich wie im Paradies.

Als der Plan stand, ging es an die Details. Ruth übernahm die Organisation. Sie und Gabriele bekamen über Elisabeth den geplanten Ablauf des Morgens heraus. Zum Glück spielte Elisabeth mit, sonst wäre der Plan auch nicht durchführbar gewesen. Seit mehr als 36 Jahren waren sie inzwischen verheiratet, ihre Tochter Miriam war auch schon

Mitte dreißig und seit fünf Jahren selber stolze Mama. Die Zwillinge hielten ihren Opa Konrad auf Trab.
„Wir singen also ‚Wie schön, dass du geboren bist'", legte Ruth fest. Sie schmunzelte, als sie an ihren letzten Geburtstag dachte. Sie war überrascht, als ihr Telefon morgens um halb sechs geklingelt und ihr Konrad die erste Strophe ins Ohr geschmettert hatte.
„Er wird sich darüber freuen, vor allem weil er nicht damit rechnet, dass wir uns alle an seinem Geburtstag früh versammeln", sagte Eckbert. Im Chor sang er Bass und außerdem spielte er leidenschaftlich gern Geige und bot sogleich an, das Lied zu begleiten. „Ich bin zwar kein Profigeiger, aber das sollte zu schaffen sein. Doch bitte seht es mir nach, wenn es nicht perfekt ist!", bat er.
Sie versprachen es natürlich, doch Ruth wusste, dass er tiefstapelte, er war ein virtuoser Geigenspieler. Man kannte sich eben lange genug.

Dann war er da, Konrads großer Tag. Ruth hatte Blumen besorgt und eine Flasche seines Lieblingsrotweins. Der gesamte Chor hatte sich in der Nebenstraße versammelt und gab für Außenstehende sicher ein drolliges Bild ab: zwei Dutzend Männer und Frauen, die sich in schwarzer Chorkleidung mit Notenmappen unter dem Arm morgens um kurz vor neun auf dem Gehweg drängten. Von Elisabeth wusste Ruth, dass Konrad sicher auf den letzten Drücker kommen würde, es war noch ein gemeinsames Frühstück mit Miriam, deren Mann Norbert und den Zwillingen Janis und Greta geplant. Die beiden Fünfjährigen besuchten ihren Opa auch gern in seiner Tierhandlung. Die kuscheligen

Vierbeiner hatten es den beiden wirklich angetan, zumal sich Miriam gegen Haustiere bislang erfolgreich gewehrt hatte. Meist mit dem Verweis darauf, dass sie als Kind auch kein Tier mit nach Hause nehmen durfte. Wenngleich Konrad damals Miriams Lieblingsgoldhamster natürlich nicht verkauft hatte. Der durfte sein gesamtes, kurzes Hamsterleben bei ihm im Pfötchen-Paradies verbringen, sehr zu Miriams Freude. Und vermutlich hoffte sie, dass er es mit ihren Kindern genauso handhaben würde.
„Seid ihr so weit?“, fragte Gabriele und übernahm das Kommando. „Dann geht's jetzt los!“
Geschlossen marschierten sie unter den neugierigen Blicken der Passanten Richtung Tierhandlung. Ruth verkniff sich ein Grinsen. Dann erreichten sie den Laden, Konrad hatte das Geschäft gerade erst aufgesperrt, wie unschwer daran zu erkennen war, dass er noch seine Jacke trug und die Zwillinge um ihn herumhüpften.
„Der Opa muss jetzt arbeiten, hier wird nicht getobt!“, hörten sie ihn sagen, dann drehte er sich um – und guckte genauso überrascht, wie Ruth es sich erhofft hatte.
„Ihr? Hier? Jetzt?“, stotterte er verdattert.
„Opa, Opa, die wollen bestimmt für dich singen!“, bestürmte in Greta. „Wir haben auch schon für Opa gesungen“, erklärte sie dann den Chormitgliedern, die sich nun, mangels einer geeigneten Auftrittsfläche zwischen die Regale, Terrarien und Käfige verteilten. Die Papageien krächzten laut, die Wellensittiche flatterten aufgeregt herum. Der Lärmpegel stieg weiter, als Gabriele von Ruth den Blumenstrauß in Empfang nahm und ihn aus dem rascheligen Zellophan-Papier befreite.

„Die Meerschweinchen denken, sie kriegen was zu fressen!“, lachte Janis und stürmte auf ein Terrarium in der Ecke zu. „Nicht aufregen“, redete er auf ein weiß-braun-schwarz geschecktes Rosettenmeerschweinchen ein. „Du bist ein ganz lieber Mucki, ja? Mein allerliebster Mucki ...“
Ruth schmunzelte. Na, ob Miriams Plan wirklich aufging? Sie hatte da so ihre Zweifel, vor allem als sie sah, dass auch Greta die Situation ausnutze und sich über ein anderes Meerschweinchen hermachte. Sie nahm es aus seinem Bau, das kleine Tierchen quiekte kurz eschrocken auf, dann genoss es offensichtlich die Streicheleinheiten der kleinen Kinderhand.
„Zwo, drei, und“, gab Gabriele das Tempo vor, und alle sangen das bekannte Lied: „Heute kann es regnen, stürmen oder schneien, denn du strahlst ja selber wie der Sonnenschein ...“ Just in dem Moment, in dem Eckbert auf seiner Geige das Wort „Geburtstagskind“ am Ende des Refrains betonte und die Stimmen sich bedeutungsvoll senkten, kreischten die Papageien los. Der Chor geriet ins Stocken, Eckbert verspielte sich tatsächlich auf seiner Geige und brauchte einen zweiten Anlauf, um die richtige Stelle wiederzufinden und weiterzuspielen. Doch jedes Mal, wenn er ansetzte, stimmten die beiden grünen Papageien ein. Konrad verkniff sich ein Lachen. Sie nahmen einen neuen Anlauf – es klappte nicht, die Papageien drehten voll auf, der Chor musste sich richtig anstrengen, um die beiden Vögel zu übertönen.
„Sind die laut!“, stöhnte Miriam, die sich im Hintergrund hielt. Ruth konnte Elisabeth ausmachen, die ihren Schwiegersohn nun bat, die beiden Vögel in ihrem Käfig zuzu-

decken. „Dann sind sie still und ihr könnt weitersingen“, sagte sie. Konrad nickte zustimmend und sichtlich immer noch überrascht. Der ganze Kirchenchor, morgens an einem Wochentag in festlicher Kleidung in seiner Tierhandlung versammelt, das sah man nun wirklich nicht alle Tage! Am Schaufenster drückten sich die ersten Passanten die Nase platt.

Sie sangen die zweite Strophe. Plötzlich schepperte es gewaltig. Anna war offenbar gegen ein Gefäß gestoßen, das nun polternd vom Tisch gefallen war. Der Deckel aus Edelstahl flog scheppernd auf den Boden und aus dem Glas heraus ergossen sich jede Menge Körner. „Vogelfutter, was? Entschuldige, ich kehre es nachher auf“, stotterte sie verlegen und würgte damit den Gesang wieder ab.

„Weiter jetzt!“, unterbrach sie jedoch Gabriele. „Das Lied ist noch nicht fertig!“ Sie gab erneut das Signal zum Weitersingen und alle stimmten in den restlichen Text ein:

„… wie schön, dass wir beisammen sind, wir gratulieren dir, Geburtstagskind!“ Als sie geendet hatten, glaubte Ruth in Konrads Augen Spuren von Tränen zu erkennen. Er war jedenfalls sichtlich gerührt.

„Also, ich weiß gar nicht, was ich sagen soll …“, stotterte er. „Mein Lieblingslied! Ich singe es ja selber so gerne, aber dass ich das mal vierstimmig in meinem Laden vorgetragen bekomme, damit hätte ich nie gerechnet!“ Die Überraschung war ihnen ganz und gar gelungen! Gabriele hielt Konrad den Blumenstrauß unter die Nase und überreichte im Namen aller Chormitglieder den Rotwein. Dann applaudierten die Chorsängerinnen und -sänger. Plötzlich sagte Rüdiger: „Du, Konrad, muss das hier leer sein?“

Ruth erhaschte einen Blick auf eine Art Kaninchenstall.

„Nein, da sollten Zwerghasen drin sein“, antwortete Konrad und versuchte, zu Rüdiger zu gelangen. Die umstehenden Damen und Herren machten Platz, so gut es ging, doch es war wirklich eng im Laden.

„Ach, da hinten ist eine Holzstrebe abgefallen, vermutlich ist jemand dran gekommen“, erkannte Rüdiger das Problem.

„Achtung, alle Mal herhören, hier laufen Zwerghasen herum, also seid bitte vorsichtig!“, rief Rüdiger in den Laden hinein. Fast wie auf Kommando senkten sich die meisten Köpfe und starrten auf den Fußboden. Plötzlich zeigte Siglinde auf einen der Meerschweinchenställe: „Ich glaube, da saß vorhin aber auch noch was drin!“

„Okay, bitte jetzt ganz vorsichtig, offenbar sind neben den Zwerghasen auch ein paar Meerschweinchen auf der Flucht!“, rief Miriam und sah sich vorsichtig um. „Dahinten, neben dem Regel, Norbert, kannst du bitte mal den Stuhl dort wegnehmen?"

Norbert versuchte sein Glück und erwischte einen der Zwerghasen am Schlafittchen. „Nicht ausbüxen", redete er auf ihn an. Greta kicherte und drückte sich an ihrem Opa vorbei. Dann ging sie auf Tauchstation, was ihr bei ihrer Körpergröße deutlich leichter fiel als den Erwachsenen. Greta krabbelte hinter eine Anrichte und rief: „Hier ist keiner!"

Die Vögel regten sich nun spürbar auf angesichts der um sich herum entstehenden Unruhe.

„Am besten zieht ihr euch so leise und vorsichtig wie möglich zurück, ich suche den Laden dann ab", sagte Konrad und deutete auf die Tür. „Aber bitte aufpassen, dass kein Tier mit nach draußen entwischt!"

Äußerst vorsichtig traten die meisten Chormitglieder den recht ungeordneten Rückzug an. „Ich bringe zur nächsten Chorprobe Sekt und Käsehäppchen mit", versprach Konrad und Ruth sah ihm an, dass er sie nun alle ganz fix loswerden wollte. Seine Tiere irrten irgendwo hinter den Regalen, Terrarien und Möbeln herum, das konnte ihm nicht gefallen. Hoffentlich fand er sie alle wieder!

„Ich helfe dir", hörte sie Gabriele sagen. „Ich auch", versprach Ruth nun und half den anderen, den Laden so zu verlassen, dass kein Meerschweinchen oder Zwerghamster mit herausschlüpfen konnte. Dann, als alle anderen draußen waren, suchten sie systematisch den Laden ab. Die Papageien kreischten und Ruth glaubte wirklich nach einer Weile, in ihrem Gekreische die Melodie ihres eben vorgetragenen Geburtstagsständchens herauszuhören. Oder bil-

dete sie sich das nur ein? Sie warf Konrad einen fragenden Blick zu, der verstand sofort, was sie meinte.
„Mit ein bisschen Fantasie kann man's erkennen", lachte er. „Sie kennen das Lied schon, viele Geburtstagsanrufe mache ich ja aus dem Laden heraus, da haben sie es schon oft gehört. Sie sind ja nun auch schon mehr als acht Jahre bei mir!"
„Du verkaufst sie nicht?", fragte sie neugierig und schnappte sich einen kleinen hellbraunen Teddyhamster, der gerade an ihr vorbeihuschen wollte. „Hiergeblieben, Freundchen!", raunte sie ihm zu und setzte ihn vorsichtig in seinen Käfig zurück.
„Oh, am Anfang hatte ich das durchaus vor", sagte Konrad und schaute einem weißen Meerschweinchen hinterher, das gerade unter einem Regal verschwand. „Aber dann wusste ich irgendwann, dass mir ihr Gekrächze fehlen würde. Außerdem wollte ich sie auch nicht trennen, sie waren ja schon immer zusammen.
„Hey, hiergeblieben!", rief er und schnappte sich einen weiteren Zwerghasen. „Ich glaube, die Hasen sind jetzt alle wieder vollzählig eingefangen. Wie sieht es bei den Goldhamstern aus? Es müssen vierzehn sein."
Gabriele mühte sich, die unruhig umher sausenden kleinen Hamster zu zählen, doch das gestaltete sich außerordentlich mühselig.
Erst mit Konrads Hilfe gelang es, alle der sehr aufgeregten kleinen Tiere einzufangen, zu zählen und wieder in ihren Käfig zu verbringen. „Okay, die hier sind also vollzählig! Fehlen nur noch die Meerschweinchen!"
Miriam deutete auf eine Spur dunkelbrauner kleiner Hinter-

lassenschaften. „Immer den Dingern nach, dann finden wir sie. Es müssten zwölf sein, richtig, Papa?“

Konrad nickte. Auch mit vereinten Kräften dauerte es eine gute halbe Stunde, bis sie die meisten eingefangen hatten.
„Es fehlen zwei“, stellte Elisabeth erschöpft fest. Plötzlich griff Miriam hinter sich und hielt Greta zurück.
„Hast du da vielleicht jemanden unter deiner Strickjacke versteckt?“, fragte sie streng. Greta wurde prompt knallrot, als sich nun alle Blicke auf sie richteten. Unter ihrer Jacke waren deutliche Strampelbewegungen auszumachen und als es mucksmäuschenstill war, hörten sie auch ein leises Quieken.
„Tu das Meerschweinchen wieder in sein Zuhause, Schätzchen“, sagte Konrad und versuchte gar nicht erst, streng zu gucken. „Du weißt doch gar nicht, wohin mit der kleinen Pummelfee!“
„Du hast sie erkannt?“, fragte Greta überrascht. Konrad ging vor ihr in die Hocke und nickte. „Klar, ich weiß doch, dass du die Pummelfee am liebsten mitnehmen willst. Aber sie wohnt hier im Laden, bei dir im Kinderzimmer geht sie doch verloren! Da gibt es viel zu viele gefährliche Gegenstände, die für sie zur Falle werden. Du willst doch nicht, dass sie sich weh tut, oder?“
Natürlich wollte Greta das nicht, deshalb schüttelte sie auch wie wild den Kopf.
Widerstrebend rückte sie das von ihr liebevoll „Pummel-

fee" genannte Meerschweinchen wieder raus und setzte es in seinen Käfig zurück. „So, nun müssen wir nur noch dem Janis sagen, dass er Mucki auch wieder zurück tun muss, nicht wahr?", sagte Konrad sanft. Miriam zog scharf die Luft ein, doch Konrad nickte ihr besänftigend zu.
„Lass mal, du hättest die Chance doch damals auch genutzt, als du deine Lieblinge unbedingt mitnehmen wolltest! Wieso denkst du, dass deine Kinder anders sind?"
Konrad ging ins Hinterzimmer und kam wenig später mit dem sich nur mäßig sträubenden Janis zurück, der Mucki auf dem Arm hielt. Unter den Blicken aller Anwesenden ließ er auch sein Meerschweinchen wieder zurück in den Käfig springen.
„So, jetzt dürft ihr sie füttern", sagte Konrad und warf einen prüfenden Blick auf alle Volieren und Käfige. „Alle sind wieder an ihren Plätzen. Danke fürs Suchen und Einfangen! Ohne eure Hilfe hätten wir noch ein wenig länger damit zu tun gehabt!"
Gabriele und Ruth nutzten die Chance und verabschiedeten sich. „Feiert noch schön! Und es war wirklich nicht unsere Absicht, hier Chaos zu veranstalten!"
Konrad lachte und drückte die beiden Frauen an sich. „Ihr habt mir eine große Freude gemacht, ihr alle", sagte er und brachte sie zur Tür. Kurz bevor sich diese hinter ihnen schloss, raunte Ruth Konrad zu: „Du wirst ihnen die Meerschweinchen samt Käfig doch schenken, nicht wahr? Wo sie doch so clever ihre Chance genutzt haben! Den Einfallsreichtum haben sie jedenfalls von Opa! Du hättest früher nämlich nicht anders gehandelt!"
Konrad lachte. „Nein, meine liebe Ruth, da täuschst du

dich! Ihr haltet mich alle für einen harmlosen, lieben, alten Mann, aber ihr irrt euch! Ich bin viel verschlagener und heimtückischer als ihr denkt! Ich werde es mir doch mit meiner Tochter nicht verscherzen, die die Tiere nun weiß Gott nicht daheim haben will, auch wenn sie früher alles darum gegeben hätte, selber eins mitnehmen zu dürfen. Nein, ich behalte sie hier im Laden. Meine Enkel können sie besuchen, so oft sie wollen, und vor allem wenn sich die ersten kleinen Babymeerschweinchen einstellen, werden sie bestimmt ganz oft kommen wollen."

Konrad strahlte übers ganze Gesicht. „Glaub mir, meine beiden Lieblingsenkel sind mir mehr als willkommen!"

Ruth lachte. „Du Schlingel! So viel Hinterlist hätte ich dir gar nicht zugetraut!"

Konrad ließ das unkommentiert im Raum stehen. Er winkte den beiden Chordamen zu und Ruth sah noch durchs Fenster, wie er Greta und Janis in den Arm nahm und mit ihnen zum Meerschweinchengehege hinüber ging. Was für ein herrlich turbulenter Tag!

Wer hat Ottokars Ruhe gemopst?

Mein neunter Geburtstag stand bevor und alle waren aufgeregt. Na ja, nicht alle, eher nur mein Artur und meine Adelheid, die beiden Menschen, die ich am liebsten habe auf der ganzen Welt. Auch wenn ihre Sprösslinge Magdalena und Noah gleich danach kommen, doch die beiden wohnen nicht mehr bei uns. Im Laufe meines nun fast neunjährigen, glücklichen und entspannten Mopslebens sind sie ausgezogen. Was aber nicht an mir lag!

„Hier auf dem Land gibt es keine Universtäten, Otto, dazu muss ich in die Stadt ziehen!“, hatte mir Magdalena erklärt, als sie vorletztes Jahr ihre Koffer packte. Sie knuddelte mich und steckte mir ein Käsewürfelchen ins Maul und ich verstand! Irgendwann verließen auch Menschenkinder ihre Eltern. Ich war ganz schön traurig, aber hey, ich bin ein Mops, ich gewöhnte mich rasch an die Ruhe, die nun herrschte! Wenn Artur oder Adelheid nach Hause kamen, empfing ich sie schon an der Tür.

„Ottokar-Schatz, willst du einen Happs?“, fragte Adelheid und strich mir übers beige Fell. Und ob ich wollte! Fressen ist mein Leben, und das war es schon, als ich vor fast neun Jahren zu Adelheid und Artur kam. Wobei, so ganz einfach war unser Start nicht!

„Der Name geht gar nicht!“, war nämlich das Erste, was ich von den beiden hörte. Ich hatte meine klitzekleinen, braunen Augen aufgestemmt und die beiden groß angeguckt.

„Aber Adelbert von Ringelschwanz ist großartig!“, versicherte ihnen die Frau, bei der meine Geschwister und ich auf die Welt gekommen waren. Meine Mutter schnaufte dazu mehr oder weniger zustimmend. „Es ist ein A-Wurf, der erste meiner Berenike!“, wandte die Frau noch ein. „Es ist durchaus üblich, dass die Welpen dem Alphabet nach benannt werden. Alle Welpen eines A-Wurfes bekommen einen Namen, der mit A beginnt. Und ‚von Ringelschwanz‘ ist der Zusatz laut Ahnentafel!“

„Aha“, hatte Artur gebrummt und da war sie! Seine große Hand näherte sich meinem damals noch so winzig-kleinen Kopf, doch sie war viel, viel sanfter, als ich mir das vorgestellt hatte. Sie kraulte mich hinter den Ohren und ohne es zu wollen, begann ich vor mich hin zu brummeln.

„Ach wie herzig!“, Adelheids Stimme überschlug sich heute noch, wenn sie von etwas restlos begeistert war.

„Trotzdem, er soll Ottokar heißen!“, blieb sie hart. „Adelbert klingt ja fast wie Adelheid, nein, ich will nicht, dass der Hund so ähnlich heißt wie ich. Sonst verwechselt uns womöglich noch jemand!“, kicherte sie und ich versuchte alles, um meine müden Äuglein offen zu halten. Adelheid hieß sie, mein Frauchen, und sie hatte Angst, dass man uns verwechselte! Das war doch großartig, ich liebte diese Frau vom ersten Moment, und Artur natürlich auch! Meine Gedanken wanderten weiter zu den ersten Tagen in meinem neuen Zuhause, zu den beiden Kindern, Noah und Magdalena, die mir beide sehr ans Herz wuchsen. Magdalena? Automatisch stellten sich meine Ohren auf – da war sie doch! Hatten meine Gedanken sie jetzt herbeigemopst? Wenn meine Magdalena da war, hieß das Käsehäppchenalarm! Sie wusste, was ich am liebsten hatte, und auch wenn sie nicht mehr hier wohnte, vergaß sie nie, mir was mitzubringen. Ich hatte Käse schon als Welpe geliebt, und daran hat sich bis heute auch nichts geändert. Magdalena kam jedenfalls nie ohne Käsewürfelchen in der Tasche für mich.

Schnell sprang ich hoch, doch nein, welche Enttäuschung, sie war bloß am Telefon und Artur hatte den Lautsprecher angemacht! Frechheit, mich so hinters Licht zu führen und hochzuscheuchen! Als Mops war Bewegung eher nicht so mein Ding.

„Haha, Schatz, der Ottokar dachte, du bist gekommen! Der hat deine Stimme gehört und springt jetzt ganz aufgeregt hier rum. Ja, mein Schatz, morgen ist es so weit! Endlich in den Ruhestand, das wird ein Spaß! Keine Unterrichtsvorbereitungen mehr, keine Elterngespräche, kein Begründen mehr, gar nichts mehr, nur noch Ruhestand."

Artur war Lehrer für Musik und Kunst an einer Schule, so viel wusste ich. Doch was war Ruhestand? Warum deshalb der ganze Aufwand? Und was war mit meinem Geburtstag? Ich kläffte ein bisschen protestierend, aber dann ließ Adelheit ein Käsestückchen vom Tisch fallen, später noch zwei, drei Erdbeeren, ach, von mir aus konnten sie feiern, was sie wollten, solange die Verpflegung stimmte!

Dann war er da, der große Tag zum Eintritt in den Ruhestand, wie Artur gesagt hatte. Zunächst deutete gar nichts darauf hin, dass sich damit etwas ändern würde! Es war ein ganz normaler Freitag. Artur verließ auch nach unserer Gassirunde wie immer mit seiner braunen Aktenmappe unterm Arm das Haus. Adelheid, mein Frauchen, war da schon längst weg. Sie ging immer viel früher, weil die Kinder, auf die sie aufpasste, von ihren Mamas und Papas unsagbar früh gebracht wurden, damit diese es selbst noch rechtzeitig zu ihren Arbeitsplätzen schafften. Doch gegen Mittag wurde es plötzlich turbulent! Artur kam schon zurück, mit so vielen Blumen und Päckchen beladen, dass er zwei Mal gehen musste, um alles aus dem Auto zu holen. Schnell sauste ich zur Tür, nicht nur, um ihn gebührend, das heißt mit meinem charmanten Mopsgebell und aufgeregtem Hochhopsen, zu begrüßen, sondern auch weil ich wissen wollte, was er vorhatte. Normalerweise entging mir nämlich nichts in diesem Haus!
Ich wuselte jedenfalls Artur zwischen den Beinen herum, beschnüffelte die Blumen, dann die Pakete, Käse erschnüffelte ich dabei jedoch nicht.
„Komm schon, Dicker, beruhige dich wieder“, lachte Artur und schubste mich ins Wohnzimmer. „Ich packe nur alles aus, dann hole ich uns einen kleinen Snack als Lunch und dann schmieden wir Pläne, ja?“
Ich bellte begeistert auf. Das versprach, lustig zu werden! Zum Glück brauchte Artur nicht lange mit dem Wegräumen und er brachte meinen gefüllten Napf mit ins Wohnzimmer! Na ja, Adelheid sah es ja nicht, sie mochte es nämlich gar nicht, wenn ich woanders als auf dem abwischbaren

Küchenfußboden speiste. Dabei war mein Lieblingsplatz der zwischen Sessel und Sofa, direkt neben der Heizung an der Terrassentür. Und dort lag auch mein Körbchen, das kuschelige Nest, das mir Adelheid liebevoll hergerichtet und mit einer Kuscheldecke ausgekleidet hatte. Ein mopswürdiges Quartier und zudem sehr bequem!
Ich verspeiste mein Mittagessen, das Artur neuerdings Lunch nannte, während er sich nur über ein mageres Schnittchen hermachte.
„Ich habe vorhin so viel gegessen, Kuchen, Pudding, die 9b hatte sogar eine Eisbombe, ich kann nichts Süßes mehr sehen", verkündete er. Dann tupfte er sich den Mund ab und sah mich erwartungsfroh an. Ich mampfte erst mal weiter.
„Also, Ottokar, ab Montag vergnügen wir uns dann zusammen, ja?"
Ich brummelte kurz – und mampfte weiter. Ich vergnügte mich ausgesprochen gerne mit ihm, vor allem wenn er meinen Napf so üppig füllte.
Er strahlte mich noch eine Weile an, dann telefonierte er. Mit Pfarrer Stefanus und Elisabeth, der netten Gemeindereferentin, die mit Adelheid im gleichen Turnverein war. Sie gingen immer Mittwochabend in die Turnhalle der Schule zum Sporteln, wie Adelheid es nannte. Ich durfte dann mit und draußen warten. Das war ein Spaß zuzusehen, wie die Damen sich abrackerten. Ich musste ja nur zugucken und meist brachte Silvia, eine sportbegeisterte Nachbarin, ihre Dackeldame Daisy mit, von der ich dann den neuesten Klatsch erfuhr. Silvias Mann Rüdiger futterte genauso gern wie ich und wie mir sah man es ihm an. Deshalb mochten wir beide uns auch so gern. Er spielte Posaune bei den

Blechbläsern unserer Gemeinde und wann immer wir ihn trafen, wurde er nicht müde, von seiner Yamaha zu schwärmen. Dass das eine Posaune war, erschloss sich mir erst, nachdem es mir Daisy erklärt hatte.
„Du ahnst ja gar nicht, wie viele verschiedene Modelle es bei Posaunen gibt. Die sind so richtig teuer!"
„Sie sind laut!", hatte ich ihr erklärt und sie hatte genickt. „Deshalb gehe ich ja mit Silvia zum Sport, damit Rüdiger daheim üben kann", bestätigte sie mir. Und ich hatte mir noch gedacht, wie gut, dass Artur nicht so ein lautes Hobby hatte!
Artur telefonierte also und redete mit dem Pfarrer und schrieb sich eine Menge auf. Ich erhob mich, schüttelte mich ein bisschen und pirschte mich von der Seite ran. Nicht, dass ich lesen konnte, nein, natürlich nicht, aber ich hoffte, ein paar Brocken des Telefonates aufzuschnappen.
„Vielleicht sollten Sie es auch erst mal langsam angehen lassen! Sie sind doch heute erst pensioniert worden, da wollen Sie am Montag gleich loslegen?", hörte ich den Pfarrer am anderen Ende sagen.
„Aber natürlich, Herr Pfarrer, was haben Sie denn gedacht? Wer rastet, der rostet, und ich bin fast fünf Jahre älter als meine Frau, das dauert noch, bis sie auch in Rente geht. Außerdem", nun fiel sein Blick auf mich und Artur kraulte mich ein bisschen hinter den Ohren, „tut unserem Hund ein bisschen mehr Bewegung auch ganz gut. Der liegt ja sonst nur den ganzen Tag hier rum und pflegt seine Speckröllchen! Und er kommt ja nun auch langsam in ein Alter, wo man aufpassen muss! Es wird ihm gefallen, wir bringen uns dann gegenseitig so richtig auf Trab!"

Wenn Artur mich dabei nicht so nett gekrault hätte, hätte ich bestimmt kläffend protestiert. Was sollte das denn heißen? Ich pflege meine Speckröllchen? Ich war ein Mops, Speckröllchen gehören da zum Schönheitsideal! Und ich brauchte definitiv niemanden, der mich auf Trab brachte! Allein das Wort „Trab" implizierte Bewegung, Hast, Hektik, Rumrennen und noch viel mehr unschöne Begriffe. Nein, ich wollte nicht „auf Trab" gebracht werden. Wenn Artur es unbedingt wollte, dann musste ihn jemand auf Trab bringen, bloß mich sollte er da bitteschön raus lassen! Ich wusste den Tag auch so zu genießen!
„So, nun rufe ich noch im Sekretariat an und besorge mir die Adressen!", verkündete Artur und griff erneut zu seinem Telefon. Er tippte eine Nummer ein, doch niemand meldete sich. Dann versuchte er es ein paar Minuten später noch mal, dann noch mal, dann kam Adelheid.
„Das Gemeindebüro ist doch Freitagnachmittag nicht mehr geöffnet, Artur", belehrte sie ihn und strich mir dabei über den Kopf. Ich hopste zur Begrüßung an ihr hoch und wuselte ihr zwischen den Beinen herum. Dank Adelheid brachte mich an diesem Wochenende Artur nicht auf Trab, dafür bereitete er die nächste Woche genauso generalstabsmäßig vor, wie er sonst seine Unterrichtsstunden vorbereitet hatte.
„Papa, du musst nicht mehr in die Schule, lass es doch langsamer angehen", lachte sogar Magdalena. Sie war extra gekommen – und sie hatte meinen Geburtstag nicht vergessen, mein süße Magdalena! Ich blieb den ganzen Sonntag an ihr dran und sie genoss meine Hartnäckigkeit. „Ach, ich vermisse Otto so sehr, sein Herumgewusel

und Gemopper und sein Schnarchen, nicht wahr, mein Schatz?", sie knuddelte mich ausgiebig und ich sah von einem Protestkläffen ab. Ich und schnarchen? Seit wann schnarchte ich denn?
Am Montagmorgen, Adelheid hatte das Haus pünktlich verlassen, studierte Arthur erst die Zeitung und warf dann immer wieder einen Blick auf die Uhr.
„Es ist jetzt gleich neun, wir müssen los, komm Ottokar!", rief er und griff nach Leine und Geschirr. Einigermaßen verdattert ließ ich mich anleinen, wo wollten wir denn hin? Es war doch gerade mal das Frühstück vorbei und eigentlich war jetzt Dösen angesagt! Doch das fiel heute aus, wir gingen zu Frau Kramer! Die gute Frau war fast neunzig Jahre alt und lebte allein in einem kleinen, recht unansehnlichen Haus. Ihre Kinder, so erfuhr ich, lebten ziemlich weit weg und seit einer Operation im letzten Jahr traute sie sich nicht mehr zu, weiter als ein paar Hundert Meter zu laufen.
„Die Beine wollen nicht mehr", sagte sie bedauernd. „Dabei bin ich früher immer so gern zu den Konzerten der Blechbläser gegangen. Oder auch zu den Theateraufführungen, die es früher in der Gemeinde mal gab! Erinnern Sie sich noch an den Günter Hildebrand? Der muss ja auch schon wieder zwanzig Jahre tot sein. Himmel, wie die Zeit vergeht!"
Ich legte den Kopf schräg und brummelte hin und wieder, was sie mit Streicheleinheiten quittierte. Auch mein Artur guckte mich ganz stolz an. Er hörte Frau Kramer aufmerksam zu, erinnerte sich jedoch nicht an den toten Günter.
„Aber Theatervorführungen sind eine gute Idee, Frau Kramer! So was könnte ich auch auf die Beine stellen! Wissen

Sie, ich habe an unserem Gymnasium die Theater-AG ins Leben gerufen, die gibt's nun schon seit acht Jahren, und ich habe sogar eine junge Kollegin gefunden, die sie nun nach meinem Weggang auch weiterführt! Also Theater ist großartig, vielen Dank für diese Anregung!"
Er versprach Frau Kramer auch noch, sie zu den Proben mitzunehmen, sobald er mehr Mitstreiter gefunden hatte, und selbstverständlich wollte er wiederkommen. „Ich kümmere mich gern um unsere in die Jahre gekommenen Gemeindemitglieder", versicherte er ihr. „Und zögern Sie nicht, mir Bescheid zu sagen, wenn Sie etwas brauchen! Einen Fahrdienst will ich auch noch initiieren. Viele Senioren sind finanziell nicht auf Rosen gebettet und seitdem das Ärztezentrum im Nachbarort geschlossen hat, gibt es hier nicht mehr viele Fachärzte. Der Pfarrer und ich haben uns dazu schon verständigt. Ich habe auch die Kirchengremien gefragt, dort nimmt man das Thema ebenfalls sehr ernst. Ich denke, da tut sich bald etwas."
Und das tat es auch. Zu meinem großen Schrecken überlegte Artur sich nicht nur, eine gemeindeeigene Theatergruppe zu gründen, in die er unsere jungen Talente zu integrieren gedachte, sondern er erklärte sich auch bereit, Senioren zu ihren Arztbesuchen zu chauffieren! Adelheid war stolz auf ihn und er fing auch gleich am Dienstagmorgen nach unserer Gassirunde damit an. Nun wäre das ja nicht so schlimm gewesen, hätte er mich bloß zu Hause gelassen! Ich wäre unter diesen Umständen sogar mit der Verschiebung meines Mittagsessens um ein paar Minuten nach hinten einverstanden gewesen, doch das scheiterte daran, dass Artur mich mal wieder missverstand. Er deu-

tete mein aufgeregtes Bellen, als wir das Haus verließen, doch glatt als Zustimmung, schlimmer noch, als Begeisterung!
„Ach, Ottokar, wird Zeit, dass du endlich mal gefordert wirst, was?“, sagte er.
„Nein!“, kläffte ich zurück. „Mir fehlt gar nichts, ich will in mein Körbchen, dösen und meine Speckrollen pflegen und vielleicht ein Käsehäppchen, aber in der Transportbox auf dem Rücksitz sitzen will ich nicht.“
Herr Dr. Niedeleben war der Erste, den wir zum Orthopäden schafften. Auch er war mindestens so alt wie Frau Kramer. Ich begleitete Artur und Adelheid jeden Sonntag bis vor die Kirche, wo sie mich unter dem Vordach des Gemeindehauses warten ließen. Aber Herrn Niedeleben hatte ich noch nie gesehen, also war klar, dass er schon lange nicht mehr zum Gottesdienst gehen konnte und sich über Hausbesuche aller Art sehr freute. Er steckte seine Hand

in meine Box und kraulte mich. Artur beobachtete uns im Rückspiegel und wieder nickte er mir zufrieden zu. Anscheinend fand er es gut, wenn die alten Leute Gefallen an mir hatten.

Wir fuhren also Herrn Dr. Niedeleben hin und wieder zurück, kauften in der Zwischenzeit, als wir auf ihn warteten, noch für zwei andere Damen etwas in einem Feinkostgeschäft ein, dann holten wir Mirja, die siebenjährige Enkeltochter von Rüdiger, vom Tanzen ab.

„Rüdiger kauft sich heute eine neue Posaune“, erklärte mir Artur. Ehrensache, dass Mirja mich streicheln durfte. Ihr hopste ich sogar gern auf den Schoß. Sie war ein liebes Kind, und ich mochte Kinder sehr gerne! Außerdem steckte sie mir eine Scheibe Wurst zu. Das war dringend nötig, schließlich hatte ich weder Mittagessen noch Lunch gehabt. Das fiel Artur aber erst auf, als ich vor lauter Hunger fast umgefallen wäre und mich heftig gegen die Küchentür von Mirjas Großeltern drückte und dabei immer wieder kläffte. Erst leise, dann irgendwann lauter, denn Rüdiger und Artur waren mit diesem Blasinstrument beschäftigt, das Rüdiger Artur stolz präsentierte.

„Das ist eine richtig gute Tenorposaune!“, schwärmte Rüdiger. „Mit Quartventil, einem Schallstück aus Goldmessing, Neusilberbezug und Doppelbohrung. Ich konnte mich ja erst nicht so recht entscheiden, es gibt ja immer mehr und immer bessere Instrumente. Mensch, wenn ich mich daran erinnere, wie ich damals angefangen habe!“

„In der DDR gab es ja nix, ich kenne das noch. Ich wollte damals ja auch unbedingt in den Posaunenchor, aber meine Eltern haben kein Instrument für mich auftreiben können! Meiner Schwester ging es genauso, die wollte unbedingt Gitarre lernen, keine Chance! Eine Blockflöte hätte sie kriegen können, wollte sie aber nicht. Und mich haben sie das erst gar nicht mehr gefragt. Heute ärgere ich mich ein bisschen. Das gute Stück hier sieht jedenfalls sehr prächtig aus! Wann spielt ihr denn wieder?"

„Freitagabend", sagte Rüdiger. „Komm doch vorbei, du kannst zuhören!"

„Gerne", freute sich Artur. „Was probt ihr denn?"

„Ausschnitte aus dem Messias von Händel für Blechbläser arrangiert. Die haben wir schon ein paar Mal aufgeführt, aber es ist immer wieder schön. Und du weißt ja, man muss es trotzdem üben!"

„Wem sagst du das", lachte Artur. „Vergiss nicht, ich war über dreißig Jahre Musiklehrer. Und Händel ist mein Spezialgebiet!"

„Der gute, alte Händel!" Rüdiger schüttelte den Kopf. „Wir spielen den nur deshalb so oft, weil der Martin, der die Stücke auswählt, ursprünglich aus Halle kommt, Händels Geburtsstadt."

Die beiden schwatzten und schwatzten, während ich einem leidvollen Hungertod entgegensah. Dann hatte Mirja endlich Mitleid mit mir!

„Ich glaube, der Otto hat ganz doll Hunger, Opa", sagte sie. Wenigstens eine dachte hier mit! Immerhin brachte sie so Artur dazu, schuldbewusst auf die Uhr zu schauen.

„Oh je, sein Mittagessen ist heute wohl ausgefallen. Na ja, macht nichts, er fällt ja nicht gleich vom Fleisch!"

Ich dachte, ich verhöre mich! Was waren denn das für Ansichten? Ich kläffte protestierend, doch das fanden die beiden eher lustig. Beleidigt verzog ich mich daheim dann auch in mein Körbchen und als Adelheid kam, drehte ich voll auf. Es wirkte, mein Napf wurde augenblicklich aufgefüllt! Also konnte ich endlich fröhlich drauflos mampfen. Adelheid sah mir dabei zu und ließ sich von Artur berichten. Von seinen Plänen in Sachen Theatergruppe zum Beispiel.

„Wenn ihr nachher beim Sport seid, recherchiere ich mal. Es gibt mit Sicherheit auch ein paar christliche Stücke, die junge Leute interessieren und die sich kostengünstig oder kostenfrei aufführen lassen! Lass mich nur machen!"

Während Adelheid später beim Sport rumhopste, hatte ich endlich meine Ruhe.

„Du siehst richtig fertig aus", bestätigte mir sogar Daisy und schüttelte ihren Kopf mit den langen Dackelohren. „So ein Ruhestand ist ganz schön anstrengend, nicht wahr?"

„Was weißt du denn schon?", brummte ich. Ich war wirklich fix und fertig. Mir fehlte nicht nur mein Mittagessen, sondern auch mein Nach-Gassi-Schläfchen und das Vormittagsnickerchen. Vom Mittagsschlaf ganz abgesehen! Dieser Ruhestand brachte mich schon nach wenigen Tagen an meine Grenzen.

„So war das bei uns auch!", sagte Daisy mitfühlend. „Frauchen drehte total auf, wollte sich den ganzen Tag beschäftigen. Daran wäre ja auch nichts auszusetzen gewesen, wenn sie mich doch nur in Ruhe gelassen hätte! Doch nein, sie hat sich mit mir beschäftigt. Sie hat mich sogar zum Hundesport gejagt, kannst du dir das vorstellen?"

Daisy schüttelte empört ihr Haupt. Und ich ahnte Böses! Was, wenn Artur auch auf so eine Idee kam? Nicht auszudenken!

„Und wie bist du aus der Nummer wieder rausgekommen?", wollte ich neugierig wissen.
Daisy grinste überlegen. „Kleiner Mops, ich habe sie beschäftigt! Erst habe ich angefangen, Blumen im Garten rauszureißen, so ganz unauffällig, verstehst du? Und dann, als sie mit dem Neu- und Einpflanzen fertig war, bin ich im Haus immer mal wieder irgendwo davor gelaufen. Mal war es ein Blumentopf, der runterfiel, mal hab ich einen Schuh verschleppt. Immer schön aufpassen aber, dass es nicht zu heftig ist, sonst droht dir der Tierarzt! Schließlich hast du so was ja früher nicht gemacht, Menschen sind da ängstlich, die denken, du wärst schlimm krank!"
Tierarzt? Mir schoben sich gleich noch ein paar mehr Falten ins Gesicht. Na, das fehlte mir nun noch zu meinem Glück. Aber etwas rausreißen? Dazu müsste ich ja in den Garten und rumackern – auch anstrengend.
„Und du musstest nicht zum Tierarzt?", fragte ich sicherheitshalber. Daisy schüttelte den Kopf. „Nein, ich habe gemerkt, dass sie besonders gut und lange beschäftigt ist, wenn sie im Garten arbeitet, also habe ich meine Aktivitäten dorthin verlegt und so getan, als würde ich ihr beim Buddeln helfen wollen. Was glaubst du, wie schnell sie alles getan hat, um dies zu unterbinden! Nun ist Gärtnern ihr größtes Hobby und ich sehe ihr dabei lediglich zu!"
Schlauer Dackel, das musste ich neidlos anerkennen. Aber Artur und gärtnern? Er mähte gerade mal den Rasen! Als wir nach Hause kamen, sagte mir ein Blick in den Garten, dass ich mir Daisys Trick für den Fall aufheben würde, dass alles andere schiefging. Wir hatten nämlich Rosensträucher im Garten, viele Rosensträucher. Mit vielen Stacheln,

nein, die buddelte ich ganz bestimmt nicht aus! Aber vielleicht musste ich das auch gar nicht, denn Artur präsentierte mir und Adelheid und unserem Pfarrer, den er eigens telefonisch dazugeschaltet hatte, wie er es nannte, seinen Plan: eine gemeindeeigene Theatergruppe!

„Ich habe ein großartiges Stück im Netz gefunden, wir können es kostenfrei nutzen und ich schwöre euch, da wollen alle freiwillig mitmachen! Es heißt „CSI Jerusalem – Dem toten Jesus auf der Spur“ Und es geht, wie es der Titel schon vermuten lässt, um Ostern! Die Jünger kommen ans Grab, Jesus ist weg, das Grab ist leer. Die Spuren sind alle sehr verwirrend und nach gründlicher Klärung und Untersuchung ist klar, Jesus muss auferstanden sein, aber das ist ja wohl unmöglich, oder doch nicht? Ich sag es euch, das wird der Knüller!“

Pfarrer Stefanus räusperte sich und stimmte zu, wenn Artur sich um die Details kümmern würde.

„Auf jeden Fall weiß ich von meinen Gymnasiasten, dass allein die magischen drei Buchstaben ‚CSI‘ für Hochspannung sorgen. Das ist so eine Krimiserie. Da machen bestimmt mehr mit, als wir unterbringen können, denn wenn ich das recht in Erinnerung habe, dann brauchen wir wohl nur sechs Mitspieler. Aber es ist auch denkbar, dass wir unterschiedliche Versionen davon aufführen, ich habe da schon einen guten Plan! Vielleicht eine Mädchenversion, eine Jungenversion, eine Rentnerversion, die Damenkegelrunde könnte eine einstudieren und natürlich die Blechbläser! Die könnten das auch noch musikalisch untermalen! Vielleicht ein paar Stücke aus Händels ‚Messias‘. Da gibt es doch auch einiges, was sich auf Ostern bezieht. Das würde sich als Untermalung hervorragend eignen. „Let all the angels of God“ können sie vielleicht spielen. Oder auch das ‚Halleluja‘, das ist ja der Ohrwurm schlechthin. Ich spreche morgen gleich mal mit Rüdiger. Und wegen der Interessenten sollten wir einen Vermerk im Pfarrbrief machen, gleich im nächsten. Vielleicht noch ein Update via Mail an all die, von denen wir Mailadressen haben.“

„Bis Ostern ist doch noch lange Zeit, lieber Artur, machen Sie nicht so einen Stress!“, bremste ihn der Pfarrer. Aber Artur war nicht zu stoppen, nicht mal vom Pfarrer. Adelheid hielt sich bedauerlicherweise raus, schlimmer noch, sie fand die Idee gut!

„Also ich spiele gern mit! Das wird toll. Am Ende sollte eine Jury entscheiden, welche Version die allerbeste war und die kriegen dann einen Preis.“

„Und der wäre?“, fragte Artur interessiert.

„Karten für die erste Reihe für das nächste Blechbläserkonzert in der kleinen Marienkapelle!“, kam es wie aus der Pistole geschossen zurück. „Die sind nämlich immer sofort weg!“

„Was daran liegen könnte, dass die Kapelle nur dreißig Sitzplätze hat!“, erinnerte sie Artur. „Und wir waren dort schon mal, erinnere dich, Schatz.“

„Ja, vor fünf Jahren, und wir hatten nur Stehplätze. Im Winter, direkt an der zugigen Tür! Ich will ganz vorn sitzen, hörst du? Besprich das mit Rüdiger.“

Er besprach es, gleich am nächsten Tag. Das weiß ich genau, denn ich war dabei. Ich war auch dabei, als Artur mit den Ministranten sprach. Und mit dem Religionslehrer. Aus der heimeligen Idee einer Theatergruppe war inzwi-

schen ein groß angelegtes Theaterfestival geworden und es wurde immer schlimmer! Er spannte die Hortkinder ein! Nicht, dass ich Kinder nicht gemocht hätte, eher im Gegenteil. Ich hatte sehr gern Kinder um mich, aber nicht alle auf einmal! So eine kleine Kinderhand ist niedlich, wenn sie sich in mein Fell vergräbt, aber nicht, wenn es Dutzende auf einmal sind! Das raubte mir noch den allerletzten Nerv.
„Also, Ottokar, du machst noch Theaterkarriere“, lachte Artur. „Ab sofort bist du unser Ehrenmitglied! Mit Anspruch auf einen zusätzlichen Käsewürfel, na, wie ist das?“
Ich setzte eine mürrische Miene auf. Mal ehrlich, ein (nur ein!) Käsewürfel stand in keinem Verhältnis zu meinem Aufwand! Gab es nicht so etwas wie den Mindestlohn? Der musste doch bei mindestens einer ganzen Packung Käsewürfel liegen! Für einen lächerlichen Käsewürfel lehnte ich jedenfalls dankend ab. Blöderweise nahm mein Artur das nicht zur Kenntnis.
„Und was willst du nun machen?“, fragte Daisy mitleidig, als wir uns bei der Gassirunde trafen. „Doch die Rosen ausbuddeln?“
Ich schnaubte. „Nein, noch nicht! Das ist zu schmerzhaft. Mir muss etwas anderes einfallen!“, brummelte ich. Doch das war gar nicht so einfach. Denn ich kam ja überhaupt nicht dazu, mal in Ruhe nachzudenken! Und wenn ich endlich in meinem Körbchen lag, war ich fix und fertig von der ganzen

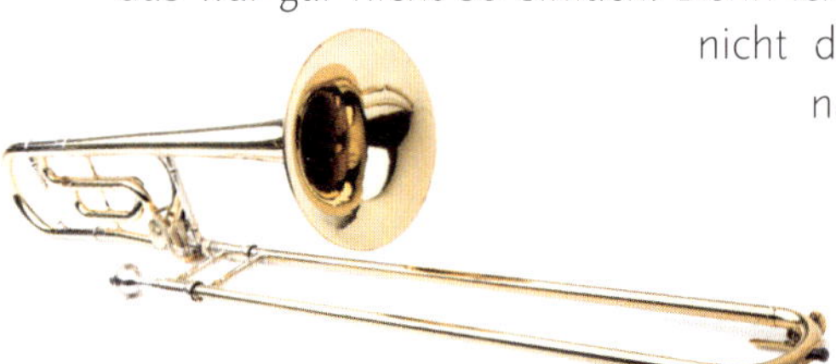

Hetzerei. Es war die reinste Katastrophe! Artur schraubte nicht etwa seine Aktivitäten in dem Maß zurück, in dem sein Theaterprojekt Gestalt annahm, nein, im Gegenteil! Er fuhr Frau Kramer zu diversen Ärzten und ins Einkaufszentrum, unterhielt sich stundenlang mit Dr. Niedeleben, der ihm Kontakte zu einem Kostümbildner vermittelte. Und ich musste überall mit! Auch zu Rüdiger, der nicht müde wurde, von seinem Proben zu schwärmen, von der Posaune und dem Stück, das sie bei der Theateraufführung spielen wollten.

„Sag mal, das eine Stück ist doch recht kurz, was hältst du davon, wenn wir zwei Musikstücke mehr aufführen? Eines vorneweg, eines als Untermalung dazwischen und eines zum Schluss?"

Artur war begeistert. „Am besten wäre es natürlich, wenn man die Stücke den jeweiligen Akteuren anpassen könnte", schlug er noch vor. „Dann würden die jüngeren Darsteller etwas Moderneres bekommen, die älteren Herrschaften dann die richtigen Klassiker."

„Sehr gute Idee! Dann können wir vielleicht sogar Nachwuchs rekrutieren", freute sich Rüdiger. Da wurde ich hellhörig. Sie brauchten Leute bei den Blechbläsern? Hatte Artur nicht immer mit einer Posaune geliebäugelt? War das vielleicht die Rettung? Oder zumindest die Aussicht auf ein paar Stunden mehr Ruhe? Ich wurde schon richtig bescheiden! Ein oder zwei Vor- oder Nachmittage pro Woche würden mir ja schon reichen, wenn ich denn sonst schon überall mit eingespannt wurde!

Zu meiner großen Freude ließ sich Artur überreden, sich die Proben der Blechbläser anzuhören. „Du als Musik-

lehrer bist ja praktisch auch ein Fachmann", schmeichelte Rüdiger. Der führte doch was im Schilde, oder? Egal, für weitere Gedanken war ich viel zu müde!
Wir spazierten jedenfalls gleich am nächsten Tag los, nach der Gassirunde, bei der ich mich kurz in einer Pfütze beäugt und festgestellt hatte, dass ich schon ein paar kleine Speckröllchen eingebüßt hatte! Wenn das so weiterging, würde ich demnächst nicht mehr als Mops durchgehen!
Die Blechbläser probten abends im Gemeindehaus. Rüdiger zeigte auf seine Mitstreiter, viele waren es ja nicht. Deshalb wollte er also rekrutieren. Und älter waren die meisten auch. „Norbert und Sven sind die jüngsten, beide aber auch schon Anfang fünfzig."
Dann entdeckten sie mich. Ich wurde gestreichelt und geknuddelt und Rüdiger zauberte sogar ein Wurstende aus seiner Tasche. Damit war ich sofort versöhnt!
„Am besten wartet Otto draußen! Hier wird es viel zu laut für ihn! Ist ja schönes Wetter und wenn wir das Tor schließen, kann er frei im Hof herumlaufen, ohne dass er ausbüxt."
Na, das war doch mal ein Wort! Ich sauste schon mal zur Tür, herrlich, in der Sonne sitzen, dösen, die Musik im Hintergrund, der Geschmack von Wurst auf meiner Zunge, das Leben konnte so gut zu einem kleinen Mops sein. Viel zu schnell verging die Probenstunde.
„Guck mal, dem Ottokar hat's gefallen", lachte Rüdiger und streichelte mich. „Vielleicht überlegst du es dir ja und machst bei uns mit? Klar, braucht's Zeit und Übung, aber man ist nie zu alt, um etwas Neues anzufangen!"
Artur war nicht abgeneigt, das war meine Chance! Ich

sprang an ihm herum, beschnüffelte auffällig lange die Instrumententasche, wuselte allen zwischen den Beinen herum, alle wollten mich wiedersehen! Keine Frage, dass Artur gar nicht anders konnte, als zu versprechen wiederzukommen. Das taten wir auch. Wann immer sie in den darauffolgenden Wochen probten, war Artur dabei. Dann begann er, sich die Stücke im Vorfeld schon mal anzusehen, die geprobt wurden. Er studierte Noten, im Wohnzimmer, während ich in meinem Körbchen döste. Artur hörte sogar Blechbläsermusik in seinem Notebook an und schaute den Spielern beim Spielen zu, während ich genüsslich weiterdöste. Die Blechbläsermusik war großartig und ausgesprochen melodisch, so auf leise gestellt natürlich nur. Nach ein paar Wochen, das Theaterprojekt nahm mehr und mehr Gestalt an, überreichte Rüdiger Adelheid einen Umschlag und einen Katalog.

„Es gibt großartige Instrumente, schaut doch mal rein. Und für den Anfang muss es ja kein Ferrari unter den Posaunen sein“, empfahl er. Adelheit nickte ihm zu und deutete auf den Umschlag. „Und was ist das?“

„Karten für die erste Reihe, wolltest du doch gerne!“, lachte er. „Und wo Artur ja nun schon fast einer von uns ist ...“

Somit hatte Rüdiger es charmant geschafft, Adelheit davon zu überzeugen, dass es auch für sie einen Vorteil hatte, wenn Artur sich den Blechbläsern anschloss.

Die Anschaffung des Instruments war dann der nächste logische Schritt. Allein für die Recherche brauchte Artur viel Zeit. Zeit, die ich mit Dösen in meinem Körbchen verbrachte. Ihm dabei zuzusehen, machte mir gar nichts aus, auch nicht, seine Telefonate mitzuhören. Und bei den Proben,

die er fleißig besuchte, wartete ich hübsch draußen. Bei Regen im Vorraum, in einem Körbchen, das Sven für mich mitgebracht hatte.
„Damit dem kleinen Dickerchen nicht kalt wird", hatte er wenig charmant gesagt. Ich und Dickerchen? Der hätte mich mal früher sehen sollen!
Seine erste Probe mit den anderen war für Artur so aufregend, dass er mich im Vorfeld glatt zwei Mal fütterte. Doch es machte ihm Spaß, ein Glück!
So brachte ich mit Rüdigers Unterstützung Artur jedenfalls dazu, bei den Blechbläsern mitzuwirken.
Noch konnte er nicht mit auftreten, dazu spielte er noch zu disharmonisch, aber er hatte Spaß dran! Und ich hatte endlich wieder mehr Ruhe! Denn mit zwei Mal proben war es für ihn nicht getan, was Artur tat, tat er richtig, er probte auch daheim. Dafür delegierte er die Leitung einiger sich neu gebildeter Übungskreise für das Theaterprojekt an interessierte Gemeindemitglieder. Und ich? Ich hatte endlich wieder tagsüber Zeit für mein Körbchen, meinen Beobachtungsposten an der Terrassentür und ausgiebige Vormittagsschläfchen, Mittagsschlaf und Nachmittagsnickerchen!

Was für ein Vogel!

„Ich weiß, es ist recht kurzfristig, aber können Sie einspringen?"
Oliver Kastenhof spürte, wie ihm das Blut in den Kopf schoss. „Morgen?", hörte er sich sagen.
„Ja, schon morgen! Tut mir leid, aber ich dachte wirklich, es würde schneller besser werden. Doch mit der verletzten Hand kann ich nicht spielen. Und absagen wäre eine Katastrophe! Es ist schließlich ein langfristig angekündigtes Benefizkonzert. Die Einnahmen kommen zu gleichen Teilen der Restaurierung des alten Gebäudes sowie der Kirchenmusik in der Gemeinde zugute! Sie wissen ja, die Fenster, ein ganz leidiges Thema! Und die Kirchenmusik per se ist ja unterfinanziert! Hören wollen alle die Orgel, nur die Restaurierung bezahlen will keiner. Deshalb haben wir beim Kartenverkauf dieses Mal auf Freiwilligkeit gesetzt. Jeder konnte geben, so viel er wollte! Und was soll ich sagen, es ist deutlich mehr zusammengekommen, als wir uns erhofft hatten! Für ein Orgelkonzert ist der Erlös jedenfalls fantastisch. Der Chor tut ja auch sein Möglichstes, doch für ihn gilt das Gleiche wie für uns. Die finanziellen Möglichkeiten sind eingeschränkt und wenn der Chor auch weiterhin zu den großen Konzerten Solisten und Orchestermusiker engagieren will, braucht er einen gewissen finanziellen Spielraum."
Oliver erinnerte sich noch gut an seine ersten zaghaften Fragen nach einem Honorar. Eigentlich nichts, wofür man

sich schämen musste, schließlich gab es in den meisten Gemeinden ja ohnehin feste Sätze dafür. Aber ihn hatte allein die Frage danach schon Überwindung gekostet. Umso glücklicher war er damals über die erste Gage gewesen! Seine Eltern hatten ihm ja prophezeit, dass er mit seinem Wunsch, Organist zu werden, einer finanziell eher bescheidenen Zukunft entgegen sah, aber das war ihm egal gewesen. Wenn ihn nur finanzielle Interessen getrieben hätten, dann wäre seine Berufswahl sicher anders ausgefallen. Aber Musik war einfach sein Lebenselixier. Oliver riss sich zusammen und lauschte weiter den Ausführungen des Kirchenmusikers, der sich nun darüber ausließ, welche Honorarvorstellungen Gesangssolisten und Orchestermusiker hatten. „Das geht bei einer großen Aufführung wie dem Mozart-Requiem in diesem Herbst richtig ins Geld, aber dann und wann mal ein Highlight, das muss drin sein. Und wie gesagt, es geht auch um die Fenster! Die müssen dringend erneuert werden!"
Bruno Belzer wurde nicht müde, die Bedeutung des Konzerts am nächsten Tag zu betonen und Oliver immer wieder zu versichern, wie untröstlich er sei, mit dieser Prellung im linken Handgelenk gestraft zu sein! „Ach, man soll eben doch nicht mehr auf Bäume klettern", seufzte er.
„Sie sind vom Baum gefallen?", fragte Oliver überrascht und stellte sich Bruno Belzer, den inzwischen Dreiundsechzigjährigen, der ebenso breit wie groß war, bildlich beim Klettern vor. Wie um alles in der Welt kam der auf einen Baum? Und wieso?
„Ich darf es ja gar nicht sagen, aber unsere Luisa", stöhnte er.

Luisa, das wusste Oliver, war Bruno Belzers heißgeliebte, einzige Enkeltochter.

„Luisa und ich haben zusammen ein Vogelhäuschen gebastelt und das wollte sie gleich aufhängen! Mein Sohn meinte zwar, ich solle das mit der Leiter lieber lassen und auf ihn warten, aber na ja, Sie wissen ja, man will sich vor so einem Kind auch nicht blamieren. Lange Rede, kurzer Sinn, ich habe es noch bis zur Leiter geschafft, die hat auch gehalten, aber beim Abstieg bin ich runtergefallen. Nun ist das rechte Handgelenk geprellt! Zum Glück ist nichts gebrochen, aber es tut ziemlich weh, spielen geht gar nicht, eigentlich nicht mal Autofahren."

„Das tut mir leid!", sagte Oliver. „So sehr ich mich über die Gelegenheit morgen freue, für Sie tut es mir sehr leid! Haben Sie auf der Ankündigung vermerkt, was gespielt wird? Oder auf den Eintrittskarten?"

„Nein, wir haben nur zu einem Orgelkonzert geladen", beruhigte ihn Bruno Belzer. „Wissen Sie, ich muss gestehen, ich wollte es mir selber noch etwas offen halten. Ich mag es, wenn ich erst kurz vorher entscheiden kann, was ich spielen möchte."

Oliver verstand sehr gut. Trotzdem hatte er Mühe, seine Gedanken zusammenzuhalten. Wie lange schon hatte er darauf gehofft, dass Bruno Belzer oder ein anderer Organist ihn anrufen und um einen Einsatz bitten würde! Bisher war er es immer gewesen, der Klinkenputzen ging und sich um Aufträge bewarb! Oliver hatte Kirchenmusik studiert und besaß einen Master, doch das half nur bedingt. Die meisten Gläubigen wollten zwar auf eine Orgelbegleitung während des Gottesdienstes nicht verzichten, allerdings wurde die Zahl der hauptamtlichen Organisten immer weiter zusammengeschmolzen, was auch daran lag, dass viele Gemeinden zusammengelegt wurden. Viele waren nur im Nebenberuf als Organist tätig, und gute Stellen waren wirklich rar. Er selbst hatte seine Eltern hier in der Nähe, seine Großeltern waren inzwischen auf Hilfe angewiesen und gemeinsam mit seinen Eltern und seiner Schwester kümmerte sich Oliver auch gern um sie, ging für sie einkaufen, fuhr sie zum Arzt. Man teilte sich das innerhalb der Familie auf, so wurde es für keinen zu viel und alle konnte auch noch ihr eigenes Leben lebenswert gestalten. Deshalb suchte er seit dem Abschluss seines Studiums eine Stelle in der Nähe, fand aber bislang keine. Bruno Belzer, diesen gestandenen Organisten mit weitreichenden Kontakten, zu beeindrucken, war der beste Weg, sich für mehr zu empfehlen.

Oliver hatte auch immer wieder den Kontakt zu Bruno Belzer gesucht, der inzwischen laut über einen Rückzug und den näherkommenden Ruhestand sprach. Ob und wie die Stelle wieder besetzt werden würde, war noch höchst unklar, klar war nur, er suchte so etwas wie einen ständigen Vertreter, jemanden, der einspringen konnte, wenn Not am Mann oder Bruno eben unpässlich oder krank war. So wie heute!

„Also, dass Sie an mich gedacht haben“, sagte Oliver mit

belegter Stimme und versuchte, die tausend Schmetterlinge in seinem Bauch zu unterdrücken und sich auf das Wesentliche zu konzentrieren. Jetzt war seine Chance da. Jetzt musste er sich beweisen!

„Ich verlasse mich auf Sie, Junge“, sagte Belzer zum Abschied. „Wir reden von einer halben Stunde, dann übernimmt der Chor. Und wenn ich Sie wäre, würde ich es mit Josef Gabriel Rheinberger versuchen! Ich habe Ihre Interpretation der Sonate No. 9, b-Moll gehört. Präludium und Fuge waren ausgezeichnet. Und die Romanze oder Fantasie haben Sie sicher genauso drauf. Oder wie wäre es mit der Sonate Nr. 11, d-Moll op 148? Ich glaube mich erinnern zu können, dass Josef Gabriel Rheinberger Ihnen besonders liegt, oder?“

„Stimmt“, gab Oliver zu. „Ich liebe Rheinberger! Seine 20 Orgelsonaten sind großartig und die beiden Orgelkonzerte meine persönlichen Favoriten! Ich habe aber auch schon einige der zwölf Fughetten op. 123a und 123b gespielt!“

„Dann haben Sie ja einiges zur Auswahl“, rief Belzer in den Hörer und Oliver glaubte so etwas wie Erleichterung mitschwingen zu hören. „Nehmen Sie etwas, das Ihnen geläufig ist, der Auftritt vor einem Publikum außerhalb eines Gottesdienstes ist immer noch etwas anderes, als einen Gottesdienst zu begleiten oder für sich allein beziehungsweise vor wenig Publikum zu spielen. Da ist es im Zweifelsfall für die Nerven deutlich besser, etwas zu spielen, was man gut kennt. Wenn Sie Fragen haben, dürfen Sie mich gern anrufen. Ich denke, zum Zuhören bin ich auf jeden Fall vor Ort. Ich habe ja nichts mit den Beinen oder Ohren. Vielleicht bringe ich auch meine Enkelin mit.“

Nach dem Telefonat brauchte Oliver eine gefühlte Ewigkeit, bis sein Puls sich wieder Normalwerten näherte. Morgen schon war es so weit! Die Konzertankündigung hatte er natürlich gelesen, deshalb wusste er auch ohne Nachfrage, dass das Konzert für 17 Uhr angesetzt war, und zwar in der katholischen Pfarrkirche St. Josef. Er wollte versuchen, schon um zwei oder drei Uhr hineinzukommen, um sich an der Orgel einzuspielen.
Oliver sprang auf und stellte sich mit aller Sorgfalt seine Noten zusammen. Er ging einige Stücke durch, spielte sie am Klavier an und verwarf sie wieder. Belzer hatte recht, Josef Gabriel Rheinberger war die perfekte Wahl! Seine Musik würde sich auf der großen Orgel, die dem französisch-symphonischen Klangkonzept entsprach, sehr gut spielen lassen. Und Oliver fühlte sich in der Musik der Romantik am meisten zu Hause. Schließlich hing von seinem Vortrag möglicherweise seine berufliche Zukunft ab. Da wollte er

ein perfektes Konzert spielen. Und eine gute Vorbereitung war die halbe Miete. Das war der Standardspruch von Hermann Konsalius gewesen. Sein alter Lehrer wäre sicher sehr stolz auf ihn, ging es Oliver durch den Kopf. Nur was sollte er spielen? Wofür sich entscheiden? Nachdem er eine gute Stunde gegrübelt und die verschiedenen Sonaten angespielt hatte, rief er seine Schwester an. Die war zwar keine Organistin, liebte aber Musik und kannte sich gut aus. Rheinberger mochte sie ebenfalls sehr gerne.

„Warum greifst du nicht den Vorschlag von Belzer einfach auf und spielst die neunte Orgelsonate in b-Moll?", fragte sie, als Oliver ihr voller Begeisterung von seinem bevorstehenden Konzert berichtet hatte. „Der Mann hat das bestimmt nicht umsonst vorgeschlagen!"

„Stimmt, es könnte ein versteckter Hinweis gewesen sein, was er sich wünscht, was ich spiele, oder was er vielleicht selber vorhatte zu spielen", gab Oliver ihr recht. „Einverstanden, ich danke dir, Schwesterherz!"

„Gibt's noch Karten?", fragte Isabelle neugierig. „Dann komme ich nämlich und drücke dir ganz fest die Daumen!"

„Probiere es, ich weiß es nämlich nicht", lachte Oliver. „Noch so etwas, wonach ich nicht gefragt habe! Ich bin so aufgeregt!"

Am Abend schlief Oliver mit den Noten auf dem Schoß im Sessel ein. Er war die Sonate mindestens fünf Mal komplett durchgegangen. Josef Gabriel Rheinberger hatte seine 9. Orgelsonate im Mai 1885 komponiert und sie dem Organisten und Komponisten Alexandre Guilmant gewidmet, der bei seinen unglaublich erfolgreichen Konzertreisen halb Europa besuchte und schon Rheinbergers erstes

Orgelkonzert zur Pariser Erstaufführung gebracht hatte. Die Orgelsonate Nr. 9 bestach vor allem durch ihre üppige Harmonik und die vielen Tempowechsel. Mit etwa einer halben Stunde war sie auch von der Länge her perfekt.

Den Sonntagvormittag verbrachte Oliver vornehmlich damit, nicht zu viel Lampenfieber zu entwickeln. Seine Schwester schickte ihm eine Nachricht, dass sie noch Karten ergattern konnte, für sich, ihren Verlobten, die Eltern und die Großeltern. „Besonders Oma freut sich total, dich spielen zu hören", hatte sie geschrieben. Und das trug nicht wirklich dazu bei, dass sein Lampenfieber kleiner wurde. Er fuhr rechtzeitig los und parkte neben der Kirche. Kurz blieb Oliver im Auto sitzen und blickte ein wenig ängstlich zu der dunklen Fassade mit den gotischen Spitzbogenfenstern auf. Er sah ein paar ältere Damen aus der Gemeinde, die irgendetwas vorbereiteten. Der Chor schien noch nicht vollzählig zu sein, aber er sah den Chorleiter, der sich über Olivers Einsatz offensichtlich sehr freute.
„Ich hatte schon befürchtet, dass der Orgelpart ausfällt. Ich habe dem Belzer aber gesagt, dass wir nicht mal eben eine halbe Stunde länger singen können! Der stellt sich das so einfach vor. Aber ein Chor ist keine Orgel; da drückt man nicht bloß ein paar Tasten und dann läuft es – haha! Nichts für ungut. Aufgeregt? Na, wird schon werden, Junge!"
Edgar Köslig lachte laut und schlug Oliver jovial auf die Schulter. Der ärgerte sich kurz über die Formulierung „bloß ein paar Tasten drücken". Und ihm war auch aufgefallen, dass offenbar das erste Ansinnen Belzers gewesen war, dass der Chor den Orgelpart ausgleichen sollte. Als das

scheiterte, so reimte sich Oliver zusammen, hatte er ihn angerufen. Er war also strenggenommen nur die zweite Wahl gewesen! Oliver atmete tief durch, nicht aufregen, ganz ruhig bleiben, redete er sich ein. Jetzt davon nicht auch noch nervös machen lassen! Freundlich und schweigend hörte sich Oliver die Ausführungen von Edgar Köslig an, der nun anfing, auf die kaputten Fenster hinzuweisen. „Da zieht es ganz schön rein, hoffentlich merkst du das an deiner Orgel nicht so arg!"
Dass er ihn duzte, amüsierte Oliver.
„Kann ich schon an die Orgel oder stört euch das jetzt?", fragte er freundlich, aber forsch. Edgar Köslig nickte. „Kein Problem, du musst dich ja einspielen. Wann hast du eigentlich erfahren, dass du heute einspringen sollst? Gestern?"
Oliver nickte und der Chorleiter brach in schallendes Gelächter aus. „Ja, so isser, unser Belzerchen, einer von der ganz fixen Sorte! Von der Leiter ist er am Dienstag geplumpst! Da war ja eigentlich schon abzusehen, dass das nix wird heute. Aber du weißt ja, die Hoffnung stirbt zuletzt!"
Nachdem er den gesprächigen Chorleiter endlich freundlich abgewimmelt hatte, begutachtete Oliver die Orgel. Jedes Mal wieder war er begeistert, wenn er daran Platz nehmen und sie spielen durfte. Sie war wirklich etwas ganz Besonderes. Beherzt spielte er die Orgel an und dachte über die Registrierung nach. Er hatte das Stück im Prinzip im Kopf, so oft, wie er es in den letzten vierundzwanzig Stunden durchgegangen war. Trotzdem legte er seine Noten ordentlich auf den davor vorgesehenen Ständer. In der Zwischenzeit sah er, wie der Raum sich füllte. Die Besucher

nahmen schwatzend ihre Plätze ein, dann sah er den Pfarrer auf sich zukommen.
„Josef Gabriel Rheinberger, richtig?", fragte er. Oliver nickte. „Gut, dann werde ich ein paar einführende Worte über ihn sagen. Vielleicht kennt den nicht jeder."
Oliver schluckte, doch der Pfarrer winkte ab. „Keine Kritik, nur gehen Sie besser nicht davon aus, dass die Zuhörer besonders bewandert sind, was die Feinheiten von Orgelmusik betrifft. Sie mögen Orgelmusik und oder die Chormusik, deshalb sind sie da, aber sie sind keine Musikexperten. Ich erwähne nur ein paar Randdaten, damit man ihn zeitlich einordnen kann, wenn man das möchte!"
Dann war es auch schon so weit. Oliver erkannte seine Großmutter in einer der hinteren Bankreihen. Sie trug, wie so oft zu solchen Anlässen, ein knallgrünes Tuch um den Hals.
„Damit du mich auch siehst", hatte sie ihm mal erklärt. Unweigerlich musste Oliver schmunzeln. Das war eben Oma! In der ersten Reihe machte er Belzer aus, der tatsächlich den Arm bandagiert trug und der von einer augenscheinlich sehr aufgeweckten Luisa begleitet wurde. Sie hopste um ihren Opa herum, setzte sich erst auf den linken, dann auf den rechten Stuhl. Sie dazu zu bringen, ruhig zu bleiben, könnte sich als schwierig erweisen. Doch, so beruhigte sich Oliver, das war nicht seine Aufgabe. Seine Aufgabe bestand nur darin, die 9. Orgelsonate von Josef Gabriel Rheinberger aufzuführen. Eine halbe Stunde, die möglicherweise über seine berufliche Zukunft entscheiden würde. Sein Herz klopfte schnell.
„Ich begrüße alle ganz herzlich zu unserem heutigen Bene-

fizkonzert. An der Orgel darf ich Herrn Oliver Kastenhof begrüßen, einen noch jungen Organisten hier aus der Gegend. Er hat vor einem Jahr seinen Master in Kirchenmusik mit Auszeichnung bestanden. Heute wird er die 9. Orgelsonate von Josef Gabriel Rheinberger aufführen. Rheinberger wurde 1839 in Lichtenstein geboren und starb 1901 in München. Er gilt als bedeutender Komponist der Romantik. Sein Werk umfasst 20 Orgelsonaten, zwei Orgelkonzerte, aber auch Chormusik, Opern, Sinfonien und Kammermusik. Interessierte dürfen sich mit Fragen zu seinem Werk an den vortragenden Organisten oder auch an unseren allzeit geschätzten Herrn Belzer wenden!"

Oliver sah, wie Belzer sich nach allen Seiten verneigte, dann wurde es ganz still – und Oliver legte los.

Nach den ersten Klängen, bei denen Oliver das Gefühl hatte, dass seine Hände zitterten und ständig daneben griffen und er keinen klaren Gedanken fassen konnte, beruhigten sich allmählich seine Atmung und sein Puls. Es ging alles gut, die Finger glitten fast wie von allein über die Tastatur. Er brauchte gar nicht auf die Noten zu sehen, so sehr hatte er die Musik verinnerlicht. Der erste Satz gelang ihm fehlerfrei. Beim zweiten Satz, der Romanze, fasste er mehr Selbstvertrauen und spielte so ausdrucksstark wie selten zuvor. Die Zuhörer unten im Kirchenraum hatte er da längst vergessen. Doch dann, mit dem Beginn der „Fantasie" zu Beginn des dritten Satzes nahm das Unheil seinen Lauf.

Erst war es ein merkwürdiges Geräusch, das ihn ablenkte, noch konnte er es nicht zuordnen. In dem Moment, als er aufschaute, um zu sehen, wo das Geräusch herkam, spürte er, wie er daneben griff und ein unmelodischer Missklang ertönte. Erschreckt schaute Oliver auf die Noten, dann ließ er einen vorsichtigen Blick über die Zuhörer schweifen, außer Belzer hatte es offenbar keiner mitbekommen. Da war es wieder, dieses Geräusch, wie Flügelschlagen. Und dann, nur ein paar Augenblicke später, sah er einen Vogel quer durchs Kirchschiff flattern. Luisa entdeckte ihn ebenfalls. Sie begann zu zappeln, zerrte immer wieder an ihrem Opa herum, damit er auf den Vogel aufmerksam wurde, während Oliver versuchte, tapfer weiter zu spielen. Doch die Harmonie war durchbrochen, seine Konzentration dahin, er stockte, spielte weiter, verhaspelte sich erneut. Die Töne kamen zu laut oder zu leise, bei manchen Akkorden griff er eine völlig falsche Tonart, sodass er jedes Mal nur mit Mühe wieder die Kurve zurück zum Original bekam. Seine Finger versagten fast ihren Dienst, je aufgeregter Oliver wurde. Und je mehr er versuchte, den Vogel zu ignorieren, der aufgeregt durchs Gewölbe flatterte, desto schlimmer wurde es. Sitzenbleiben, weiterspielen! Es war nur ein Spatz, aber ein frecher, das wurde klar, als er kurz vor Oliver abdrehte, eine Ehrenrunde einlegte und dann auf dem Kronleuchter über dem Mittelgang Platz nahm. Er tschilpte ein paar Mal.

Oliver stand der Schweiß auf der Stirn. Das Adagio, mit dem der dritte Satz begann, hatte er völlig verhauen, so viel war klar. Nun stand ihm noch das schwierigere Allegro bevor, ehe der dritte Satz in einer virtuosen Fuge enden sollte. Er ahnte Schlimmes. Oliver bemühte sich nach Kräften, die Töne zu treffen, nicht mit der Wimper zu zucken, während der Spatz hin und her hopste, Luisa unten vor Begeisterung kaum noch zu bändigen war und seine Hände sich

anfühlten, als ob tonnenschwere Gewichte an ihnen befestigt wären, wobei sich die Finger gleichzeitig ineinander zu verknoten schienen. Seine Kehle war staubtrocken, er wagte kaum zu schlucken. Der Spatz drehte eine erneute Runde, dieses Mal im Tiefflug, und ein paar Besucher duckten sich sicherheitshalber. Oliver fühlte, wie er immer schneller wurde. Langsamer, beschwor er sich, bleib um Himmels Willen im Tempo! Doch seine Nerven versagten, er hatte sich so viel von diesem Konzert versprochen, ihm so viel Bedeutung beigemessen und nun endete alles in einem Desaster! Allein der Gedanke ließ ihn wieder an Tempo zulegen. Wie gehetzt rannten seine Finger davon. Langsamer, Oliver, langsamer, beschwor er sich erneut.
Dann kam der Übergang zur Fuge und plötzlich tauchte ein zweiter Spatz auf! Er kam direkt durch eines der zerbrochenen Seitenfenster geflattert, für dessen Instandsetzung dieses Konzert gegeben wurde. Oliver hatte Mühe, nicht laut aufzulachen. Das nannte man wohl „Ironie des Schicksals“. Wann immer er kräftiger spielte, wurde dieser zweite Spatz aktiver, er flatterte zunehmend schneller und hektischer durch die Kirche, als das Tempo zunahm. Oliver griff so oft daneben, es stimmte gar nichts mehr. Er versuchte, aus den Dissonanzen zurück in die eigentliche Tonart und zu den Noten zurück zu improvisieren, die da vor ihm lagen. Doch was er da spielte, war schon längst nicht mehr die neunte Orgelsonate, das war einfach nur furchtbar!
Am liebsten hätte Oliver sofort aufgehört, wäre aufgestanden, weggelaufen oder wahlweise vor Scham im Boden versunken. Der Geräuschpegel in der Kirche nahm zu, einige Gäste machten immer wieder „pst!“, andere riefen deutlich

vernehmbar „Ruhe jetzt!". Der Chor trappelte auch unruhig auf der Empore herum, der eine Spatz hatte sie ins Visier genommen und war hochgeflattert, was einigen Chorsängern nicht sonderlich behagte, auch wenn der graue Vogel erst mal nur auf dem Holzgeländer Platz genommen hatte, während sein Kumpan tschilpend durch die Kirche flatterte. Luisa war nun gar nicht mehr zu halten, sie sprang auf und versuchte, den Vogel zu erhaschen oder wollte sie ihn irgendwie rausscheuchen? Oliver spielte tapfer weiter bis zum bitteren Ende. Als endlich der Schlussakkord ertönte, wunderte er sich, dass sich der Boden unter ihm nicht auftat.

Es folgte ein unendlich langer Moment der Stille und des Schweigens – danach tosender Applaus! Die Besucher sprangen von den Bänken auf und Olivers Gesichtszüge erstarrten. Er sah seine Oma ihr grünes Tuch schwenkend und Luisa, die ihm zuwinkte. Auch der Chor applaudierte begeistert. Viele nickten ihm anerkennend zu. Das war ein Traum, schoss es Oliver durch den Kopf, eine Fata Morgana, etwas, das in Wirklichkeit gar nicht passierte. Dieses Fiasko konnte unmöglich jemandem gefallen haben! Er hatte mit seiner Darbietung den guten alten Rheinberger geradezu beleidigt. Oliver fühlte sich wie betäubt und verneigte sich automatisch nach allen Seiten. Der Spatz, der eben noch beim Chor gesessen hatte, schwang sich auf und flog eine Ehrenrunde durch die Kirche. Dann nahm er auf einem Leuchter Platz, legte den Kopf schief – und war-

tete auf den Gesangvortrag des Chors. Oliver setzte sich wieder und lauschte ebenfalls.
Der Chorleiter hatte sich für ein paar bekannte Kirchenlieder entschieden und forderte bei jedem dritten Lied die Gemeinde auf, mit einzustimmen. Eine Art Mit-Sing-Konzert, was dazu führte, dass die beiden Spatzen wie wild durch die Kirche flatterten und die Unruhe im Chor und Publikum weiter wuchs. Irgendwer versang sich lauthals, stellte Oliver erleichtert fest. Nicht nur seine Nerven waren keine Drahtseile, wie beruhigend. Der Chor sang ebenfalls eine gute halbe Stunde, dann war das Benefizkonzert vorbei. Ein paar Kinder, Oliver erkannte in ihnen die Ministranten, standen mit Sammelbüchsen an den Eingängen und die Besucher stopften ordentlich Scheine hinein. Er selbst hatte Mühe, nicht über seine eigenen Beine zu stolpern. Das Erlebte steckte ihm noch in den Knochen. Wie hatte er nur so versagen können? Er war doch so gut vorbereitet! Und Rheinberger war doch sein Lieblingskomponist, mit dessen Sonate er hatte brillieren wollen!
„Das war grandios, mein Lieber!“ Belzer schlug Oliver krachend seine gesunde Hand auf die Schulter. „Mein lieber Kastenhof, ich habe Sie unterschätzt! Sie sind ja ein begnadeter Improvisator! Das hat man selten, schon gar nicht bei so jungen Musikern. Und Sie haben sich nicht mal von den beiden Piepmätzen ablenken lassen! Ich weiß nicht, ob Sie das überhaupt mitbekommen haben, dass da zwei Vögel durch die Kirche geflogen sind, als Sie gespielt haben. Sie haben da eine sehr interessante Improvisation dargeboten, auch wenn es vielleicht etwas verwegen ist, im finalen Satz einer Rheinberger-Sonate zu improvisie-

ren. Aber sehr spannend, sehr mutig! Weiter so! Na, einen besseren Vertreter hätte ich mir wohl kaum wünschen können."
Belzer lachte und Oliver glaubte, sich verhört zu haben. Der Pfarrer kam nun ebenfalls und beglückwünschte ihn, einige Besucher sprachen ihn an und fragten, wo er sonst auftreten würde.
„Bei uns nun hoffentlich öfter", nutzte der Pfarrer die Chance und forderte ihn auf, doch noch mit zum Umtrunk ins Pfarrhaus zu kommen. „Sie müssen mir unbedingt mehr über diesen Komponisten erzählen. Ich bin jetzt nicht der musikalischste Mensch, aber das klang sehr ungewöhnlich. Und es ist eben mal was anderes als Bach, Buxtehude oder Max Weber."
Irgendwann stand seine Oma neben ihm und drückte ihn fest an sich. Dann kam Isabelle.
„Musste das so klingen?", raunte sie ihm ins Ohr.
„Nein! Dieser blöde Vogel hat mich komplett rausgebracht und dann bin ich nicht mehr richtig reingekommen!", raunte Oliver zurück, fast schon erleichtert, dass wenigstens einer gemerkt hatte, dass dieses fulminante Orgelspiel, wie der Chorleiter es eben noch begeistert genannt hatte, keineswegs Absicht war.
„Ist doch egal", kicherte Isabelle. „Es ist beim Publikum gut angekommen, allen hat es gefallen, und wenn sie denken, es muss sich so anhören, dann bitteschön, lass sie in dem Glauben! Du gewinnst nichts, wenn du dich jetzt hinstellst und dich womöglich noch für das vergeigte Konzert entschuldigst!"
Da gab Oliver seiner Schwester recht. Und ahnte, dass er

künftig wohl nie wieder einen Spatz ansehen konnte, ohne an diesen Nachmittag und dieses Konzert zu denken.
„Und wer weiß“, lachte Isabelle später, als sie allein waren, „vielleicht steht irgendwann in einer Biografie von dem berühmten Organisten Oliver Kastenhof, dass dieser seine Weltkarriere zwei gewöhnlichen Spatzen verdankte!“
Und als Isabelle immer weiter lachte, konnte Oliver nicht anders, als in ihr Gelächter einzustimmen. Zwei Vögel hatten sein Konzert gecrasht – und ihm damit vermutlich einen Schub für seine berufliche Laufbahn beschert! Gottes Wege waren eben unergründlich, aber das hatte Oliver ohnehin vorher gewusst.

Ach du lieber Elch!

„Wusstest ihr, dass Ingatorps Kirche in Eksjö 1997 zur schönsten Kirche Schwedens gewählt wurde?“, fragte Franziska zu Beginn der Chorprobe in den Probenraum hinein, und nahezu alle 25 Chormitglieder des Kammerchors der Burggemeinde schüttelten den Kopf. Franziska setzte einen strengen Blick auf. „Also bitte, ehrlich nicht?“, sie kicherte. „Wir unterhalten seit fast zehn Jahren so freundschaftliche Beziehungen zum dortigen Kirchenchor. Sollten wir so was nicht wissen? Wenn ich daran denke, wie gut sie informiert waren, als sie uns zum Reformationsjubiläum besucht haben! Auf jeden Fall habe ich eine Mail bekommen, sie haben uns zum Gegenbesuch eingeladen! Und da wir für dieses Jahr noch keine Chorfahrt geplant haben, wollte ich den Vorschlag wenigstens anbringen.“

Schnell kam Begeisterung auf. Der Besuch des schwedischen Chores im letzten Jahr war allen noch in bester Erinnerung. Sie hatten zusammen gesungen, gegrillt, gelacht und getrunken, drei herrliche Tage lang. Danach war der Chor weiter nach Wittenberg gefahren, wenn schon Reformationsjubliäum, dann aber mit allem Drum und Dran. Schnell entschied man sich dafür, den Gegenbesuch im Spätsommer anzutreten.

„Da sind alle mit dem Sommerurlaub durch, die Kinder wieder in der Schule, und wir können uns gut mal für ein paar Tage rausnehmen“, schlug Franziska vor. Sie war ein Planungs- und Organisationstalent, Gesine Keller, die

Chorleiterin, überließ Franziska das Organisatorische nur zu gern. Schon bei der übernächsten Chorprobe gab sie die ersten Details zur Reise bekannt.
„Wir fliegen zunächst nach Stockholm und bleiben den ersten Abend dort, Hotelzimmer für alle sind schon reserviert. Am nächsten Tag holt uns ein Bus ab und wir fahren ungefähr viereinhalb Stunden durch Schwedens wundervolle Landschaft nach Eksjö. Es ist eigentlich kaum zu fassen, aber wir haben mit unserem Reisezeitpunkt so richtig Glück! Unsere Gastgeber sind nämlich angefragt worden, ob sie ein Radiokonzert spielen wollen, es wird live gesendet. Es handelt sich um ein Orgelkonzert mit Chor und natürlich haben sie zugesagt. Und nun haltet euch fest, Nellie Holm, die Chorleiterin, die uns allen noch in allerbester Erinnerung ist, hat vorgeschlagen, dass wir ein Stück vortragen sollen! Das kann eines aus unserem Repertoire sein oder auch etwas Schwedisches, ich denke, wir lassen uns da noch etwas einfallen. Ich schätze, es war kein Fehler, ja zu sagen?"
Franziska hatte ja geahnt, auf welche Begeisterung diese Ankündigungen stoßen würde, trotzdem freute sie sich nun über die reihum fröhlich-aufgeregten Gesichter.
„Ich mache mir mal ein paar Gedanken, was wir singen können", sagte Gesine Keller. Sie leitete den Kirchenchor seit fast fünf Jahren und ihre unaufgeregte Art kam bei Chormitgliedern, Pfarrer und Gemeinde gleichermaßen gut an. Sie hatte auch nicht den Ehrgeiz, Organistin Edeltraud Wenner in irgendeiner Art und Weise in den Schatten zu stellen. Sie selbst spielte nicht mal Orgel. Die beiden Frauen hätten auch nicht unterschiedlicher sein können: auf der einen Seite die eher introvertierte, scheue, schmale

Chorleiterin und auf der anderen Seite Edeltraud Wenner, die allein aufgrund ihrer Statur, groß und weiblich-üppig, wie sie es gern selber nannte, auffiel. Da tat es auch nichts zur Sache, dass sie stets sehr extravagante Kleidung trug. Edeltraud fiel auf und wollte das auch. Die bescheidene Zurückhaltung von Gesine Keller war deshalb ein passendes Pendant, da sie sich so hervorragend ergänzten, ohne miteinander zu konkurrieren.

Während sich also Franziska um die Hotels, die Flüge und den Busfahrer kümmerte, grübelte Gesine Keller über der Musik. „Es geht um ein Radiokonzert, keinen Gottesdienst", überlegte sie. „Es sollte schon ein wenig anspruchsvoller sein. Vielleicht eine Bach-Motette?" Sie überlegte hin und her. Fast alle Bach-Motetten waren doppelchörig, also achtstimmig. Wenn der Chor voll besetzt war, dann war das kein Problem. Die Sänger und Sängerinnen waren alle hervorragend. Der Kammerchor war eine kleine Ausgabe der Kantorei, und im Gegensatz zu dieser mussten Sänger hier vorsingen, um aufgenommen zu werden. Sie mussten sicher vom Blatt singen und eine gut ausgebildete Stimme haben. Momentan waren alle Chormitglieder gesund, und hoffentlich blieb das auch so. Wenn nur eine oder zwei der Männerstimmen ausfallen sollten, würde sie sich eine Bach-Motette allerdings nicht zutrauen, zumindest für eine Radio-Übertragung. Sie entschied sich schließlich für die Motette „Komm, Jesu, komm" BWV 229. Die hatte der Chor vor drei Jahren schon einmal gesungen, und man würde sie schnell wieder aktivieren können.
Die Motette wurde bis zur Abreise fleißig geprobt. Zudem

studierten sie noch ein Werk von Knut Nystedt ein, als freundliche Geste ihren schwedischen Gastgebern gegenüber.
„Nystedt ist zwar Norweger, aber ich weiß, dass Nellie Holm seine Werke sehr schätzt", begründete Gesine ihre Auswahl. „Nystedt, der übrigens erst vor vier Jahren starb, wuchs in einem christlich geprägten Elternhaus auf. Vielleicht basieren deshalb seine Hauptwerke vornehmlich auf Texten aus der Bibel oder behandeln andere geistliche Themen. Ich denke, mit Knut Nystedt liegen wir genau richtig. Und da er in Deutschland nicht so häufig gesungen wird, kommt die Geste bestimmt gut an!"
Es gab hierzu keinen Widerspruch, im Gegenteil, es wurde sogar angeregt, Nystedt auch hier in der Gemeinde einmal aufzuführen. Als Generalprobe vor der Reise sozusagen. Diese verlief zur Zufriedenheit aller. Den temporeichen Anfang des „Laudate dominum" trugen sie so schwungvoll und den meditativen Teil so innig vor, dass die Gemeinde es mit einem langen Applaus würdigte.
Parallel zur Klärung der künstlerischen Fragen nahm Franziska ihrerseits Anregungen und Wünsche entgegen, die trudelten jedoch recht spärlich ein. Typisch schwedisches Essen wurde gewünscht, und Franziska recherchierte im Internet nach einem guten Restaurant.
„Eine Elchsafari wäre schön", wünschte sich Anton. „Weißt du, wenn wir schon mal in Schweden sind, dann möchte ich auch Elche in freier Wildbahn sehen! Vielleicht kann man da etwas arrangieren?"
Franziska nahm seinen Wunsch schweigend entgegen, während Magdalena, die neben ihr stand, in schallendes

Gelächter ausbrach. „Eine Elchsafari? Herrlich! Gibt's so was wirklich? Du, Franzi, bestell dem Anton doch einen Elch! Vielleicht kann man das ja auch schon von hier aus arrangieren?"
Franziska schüttelte nur den Kopf und stellte nach eingehender Recherche im Internet fest, dass der Wunsch von Anton so abwegig gar nicht war. Eine Elchsafari, so las sie staunend, war in Småland problemlos möglich.
„Allein in dieser Provinz gibt es acht Elchparks! Dort sehen wir garantiert einen. Ich habe einen Besuch für den dritten Tag vorgesehen", bestätigte sie Anton vor der staunenden Chorgemeinde.

Dann ging es los und Franziska war entsprechend aufgeregt. Der Chor verreiste zwar grundsätzlich mindestens einmal im Jahr, aber meist fuhren sie mit verschiedenen privaten Autos einfach los. Dass sie flogen, war hingegen etwas ganz Besonderes. Sie kamen wohlbehalten und pünktlich inklusive aller Gepäckstücke in Schweden an, wo sie von einer frischen Brise, aber strahlendem Sonnenschein und blauem Himmel empfangen wurden. Franziska atmete tief durch, die erste Hürde war genommen. Sie hatte in einem guten Mittelklassehotel am Rande der Innenstadt, reserviert, genau 13 Doppelzimmer. Sie zogen sich rasch um und stürzten sich ins Stockholmer Nachtleben. Nach einem ausführlichen Spaziergang durch die Innenstadt landeten sie schließlich im Gastabud, einem typisch schwedischen Restaurant, wo sie ganz klassisch Köttbullar oder Lachs in Dillsoße bestellten. Die Portionen waren riesig, die Stimmung ebenfalls.

Ihr Bus war für den nächsten Morgen bestellt, doch er kam nicht. Als er eine halbe Stunde überfällig war, wurde Franziska langsam wirklich nervös, die Schweden waren nicht gerade für ihre Unpünktlichkeit bekannt. Sie telefonierte mit dem Unternehmen in Deutschland, über das sie den Bus angemietet hatte, und erfuhr, dass er nach einem Unfall liegengeblieben war.
„Ein Elch ist über die Straße gerannt, der Busfahrer konnte zwar noch ausweichen, kam aber nicht mehr rechtzeitig zum Stehen, sodass er in den Graben gerutscht ist. Dort musste er erst rausgeholt werden. Nun sind wir dabei, einen Bus zu besorgen, mit dem macht sich der Fahrer dann auf den Weg zu Ihnen. Ich schätze, er braucht noch mindestens eine Stunde, vermutlich sogar länger“, erklärte man ihr.
Zum Glück nahmen die Sänger und Sängerinnen die Verzögerung mit Humor, nur Edeltraud Wenner verzog schmollend den Mund. „Dann gehe ich so lange noch shoppen! Ich sitze doch nicht hier unnütz rum!“
Ehe sich Franziska versah, verwandelte sich die bis dato so ruhige Sängergruppe in einen schnatternden Hühnerhaufen. Plötzlich wollte niemand mehr einfach so auf den Bus warten.
„Wie weit ist es bis zur Domkirche?“, fragte Gunnar, einer der wenigen Tenöre.
„Wenn ich schon mal Zeit in Stockholm habe, dann muss ich doch auch ins

Nobel Museum", stellte Anton fest und rief Franziska zu: „Ich nehme mir ein Taxi und bin in zwei Stunden zurück. Treffen wir uns einfach in zwei Stunden alle hier?"

Ehe sich Franziska versah, hatte sich die Gruppe aufgelöst und sie stand mit Magdalena allein in der Hotellobby.

„Ruf am besten in dieser Firma noch mal an, dann soll der Bus eben in zwei Stunden hier sein, besser in zweieinhalb, dann können wir auch noch etwas unternehmen", schlug Magdalena pragmatisch vor. „Guck mal, die Gesine hat sich dort hingesetzt! Wollen wir sie nicht mitnehmen?"

„Klar! Frag sie doch schon mal, dann telefoniere ich in der Zeit."

Eine gute Viertelstunde später war der Bus umbestellt und die drei Frauen waren auf dem Weg zum Schloss Drottningholm. „Davon lese ich immer mal wieder in diversen Klatschzeitungen, ich will einfach mal sehen, wie Königs so leben", sagte Magdalena. Da Franziska und Gesine keine eigenen Wünsche hatten, gab es keinen Widerspruch gegen den Plan.

Das Schloss befand sich in einem herrlichen Park. Hätten sie mehr Zeit gehabt, dann hätten sie sich sicher die Bootstour gegönnt und eine Führung gemacht. So blieben nur ein paar schnelle Blicke und zwei, drei Räume, dann mussten sie auch schon zurück. Franziska bedauerte, dass sie nur so kurz in der Stadt waren. Stockholm entpuppte sich als eine Art nordische Perle, ein Juwel, dessen Schönheit sich einem erst auf den zweiten oder dritten Blick erschloss.

„Eigentlich schade, dass wir nicht mehr Zeit haben", stellte auch Gesine Keller fest. „Aber in nur fünf Tagen, von denen

jeweils einer für die Anreise und einer für die Abreise drauf geht, kann man eben keine Weltreise machen!"
Sie hatten im Vorfeld lange diskutiert, ob sie nicht ein paar Tage länger bleiben konnten, aber bei den meisten waren Urlaubstage Mangelware, und da insbesondere in der Vorweihnachtszeit auch eine Vielzahl von Konzerten auf den Chor zukam, für die bei dem einen oder anderen auch ein Urlaubstag fällig wurde, hatten man sich auf fünf Tage geeinigt, zwei davon Wochenende. Die Rückreise würde am Sonntag erfolgen.
Sie erreichten das Scandic nicht als Letzte, wie Franziska erleichtert feststellte. Der Bus wartete nun bereits in einer Nebenstraße.
„Ich bin Sören Löfgren", stellte sich der blonde junge Mann in gutem Deutsch Franziska vor. Edeltraud hatte ihn wortreich zu Franziska geschickt und die Sache mit dem in den Graben gesetzten Bus machte ihm sichtlich zu schaffen. Vor allem seiner Ehre, wie Franziska schnell feststellte, denn Sören wurde nicht müde zu betonen, dass ihm Elche auf der Straße grundsätzlich gar nichts ausmachten, im Gegenteil, und er, als echter, vom Land stammender Schwede, an die großen Tiere in freier Wildbahn gewöhnt war. Franziska suchte vergebens eine Gelegenheit ihm zu versichern, dass sie davon absolut überzeugt war und er gerne aufhören könne mit seinen Rechtfertigungen, allein er ließ sie nicht zu Wort kommen. „Können wir jetzt losfahren?", unterbrach sie ihn irgendwann einfach. Geduld war nicht ihre Stärke.
„Klar!", sagte Sören und machte sich auf, den Bus zu holen. Als eine halbe Stunde später endlich alle eingestiegen

waren und das Gepäck verstaut hatten, ging es los. „Wir verlassen jetzt Stockholm und fahren dann eine ganze Weile auf der Autobahn. Es wird also zunächst wenig zu sehen geben“, erklärte Franziska ihren Mitstreitern. „Erst ungefähr ab Linköping wird es interessant, dann fahren wir nämlich Landstraße weiter! Wer also noch ein Nickerchen machen will, ihr wisst ja, es wird heute ein langer Abend!“

Franziska bereitete sich innerlich auf den Auftritt am Abend vor. Ein Radiokonzert, live, das war schon etwas ganz Besonderes. Und jetzt, da sie ja praktisch auf dem direkten Weg dorthin waren, stieg auch bei den anderen die Nervosität. Edeltraud blieb als Einzige tiefenentspannt, sie würde erst morgen spielen und dann auch nur im Rahmen eines gemeinsamen Auftritts vor der schwedischen Gemeinde nach dem Gottesdienst am Abend. Live und im Radio würde nur ihr Chor zu hören sein.

Gesine war mit Nellie Holm so verblieben, dass sie sich vor dem Auftritt neben der Kirche im Gemeindehaus einsingen konnten. Im Geiste ging Franziska die Motette noch einmal durch. Wie alle Bach-Motetten hatte auch „Komm, Jesu, komm“ seine Tücken. Eigentlich ging es um den Tod und die Sehnsucht nach dem ewigen Leben bei Gott – ein Thema, das in der Gegenwart häufig völlig ausgeblendet wurde. Dennoch empfand Franziska die Musik nie als traurig oder weltfremd, sondern als seltsam tröstlich. Gerade wenn sie einen schweren Tag gehabt hatte, wenn Probleme sie bedrückten, dann konnte sie in etwas eintauchen, was zeitlos gültig schien. „Komm, Jesu, komm, mein Leib ist müde, die Kraft verschwindt je mehr und mehr. Ich sehne mich nach deinem Friede“ – das waren Worte, die sie oft

selber gut nachempfinden konnte, auch wenn sie sehr lebensfroh war und ein Ende keineswegs herbeisehnte.
Aber schwer zu singen war die Motette eben doch. Besonders in der Fuge waren ein paar schwierige Intervalle dabei, die man nur schwer sauber traf. Es gab da die Textstelle „der saure Weg ist mir zu schwer". Und häufig hatten die Sänger beim Proben ihre Witze gemacht. Denn wegen der Schwierigkeiten beim Singen wurde die Motette selbst gern auch als „Der saure Weg" bezeichnet. „Heute schon wieder der ‚saure Weg'! Zum Ausgleich brauch ich hinterher immer einen Schokoriegel", hatten sie oft gewitzelt. Ob heute alles gelingen würde?
Magdalena schien sich ähnliche Gedanken zu machen. Zumindest stimmte sie sich schon auf den Auftritt ein, offenbar mit Hilfe ihres Smartphones, denn sie hielt Franziska wenig später ihre Kopfhörer hin. „Hier, willst du mal reinhören? Eine großartige Aufnahme, schon älter und nicht so schnell, wie wir das singen, aber da kann man sich gut auf die Details konzentrieren." Dankbar nahm Franziska das Angebot an und ärgerte sich ein bisschen, dass sie nicht daran gedachte hatte, sich eine Aufnahme mitzunehmen. Überhaupt hatte sie an Derartiges gar nicht gedacht, im Gegensatz zu Magdalena, die auch mit einer Aufnahme von Nystedts „Laudate dominum" aufwarten konnte. „Von einem schwedischen Chor eingesungen", erklärte sie. Nystedts Töne im Ohr dämmerte Franziska sanft weg, die Landschaft rauschte rechts und links an ihr vorbei.
Nach einem ausführlichen Nickerchen legte sich auch langsam die Aufregung. Was sollte schon passieren, fragte sie sich. Sie waren alle gut vorbereitet, und sie hatten in

den letzten Jahren schon schwierigere Stücke gesungen. Außerdem würde man sie im Radio ohnehin nicht sehen, also war es egal, ob die Frisur saß oder die Strumpfhose eine Laufmasche hatte. Es zählte nur die Stimme!

Als sie endlich die Autobahn verließen, war es schon deutlich später als gedacht. Was nicht nur an der auf schwedischen Autobahnen geltenden Höchstgeschwindigkeit von 110 Stundenkilometern lag. Sie warf einen Blick auf die Uhr, noch drei Stunden, dann würde das Konzert beginnen. So knapp hätte es nun zeitlich gar nicht werden sollen. Aber sie waren gut drei Stunden später gestartet als sie es vorgehabt hatten, das machte sich nun bemerkbar.

„Wir müssen um 18 Uhr in der Ingatorps Kirche in Eksjö sein", erinnerte sie den Busfahrer, der plötzlich ziemlich langsam fuhr.

„Auf Landstraßen sind in Schweden 70 Stundenkilometer

erlaubt", erklärte er Franziska ungefragt. Offenbar hatte er ihren irritierten Blick aufgefangen. „Aber das schaffen wir trotzdem, kein Problem", versicherte er Franziska.
„Bleib ruhig und genieße die Landschaft!", rief ihr Edeltraud zu und zeigte auf die sattgrünen Bäume am Straßenrand. „Herrlich, das ist doch mal ein Wald! Da kann unser Lindenhain vor der Pfarrkirche nicht mithalten, was?" Franziska nickte. „Ja, da wird sogar der Harz ganz neidisch, wenn du dir das da ansiehst", sie zeigte auf den unendlich weit wirkenden Wald rechts und links. „Kaum zu glauben, dass wir vor ein paar Stunden noch durch eine europäische Metropole geschlendert sind!"
Fast alle drückten sich nun an den Scheiben rechts und links die Nasen platt. Plötzlich schrie Anton: „Da ist ein Elch, guckt mal, da!" Rüdiger und Gunnar sprangen fast zeitgleich auf und drängten an die rechte Seite, während Franziska Sören geistesgegenwärtig bedeutete, etwas langsamer zu fahren.
„Wir sind Elche nicht so gewöhnt, für uns ist das was ganz Besonderes. Vor allem für Anton, der sich nichts mehr gewünscht hat, als einen Elch zu sehen!"
Sören Löfgren lachte und bremste ab. Die meisten sahen noch ein Elchgeweih, dann machte der Elch kehrt.
„Wow, was für ein herrliches Tier", freute sich Anton weiter. „Mensch, Franzi, das ist so toll!"
Franziska überlegte einen Augenblick. Anton dachte jetzt aber nicht wirklich, dass sie den Elch für ihn bestellt hatte, oder? Sie war sich da nicht so sicher, vor allem, wenn sie sein verklärtes Gesicht betrachtete. Schon irgendwie süß, dachte sie schmunzelnd. Der Mann ging schließlich auf

die Sechzig zu und freute sich wie ein Fünfjähriger darüber, dass er einen Elch gesehen hatte!
„Elche sind Einzelgänger. Nur manchmal hat man Glück und sieht eine Elchkuh mit ein oder zwei Kälbern im Schlepptau", erklärte nun Sören. Sein Erlebnis mit einem Elch vom Vormittag hatte er offenbar schon längst wieder vergessen. Sie mussten eine Umleitung fahren und die Straße wurde nicht nur steiler, sondern enger. Als der Bus noch langsamer wurde, begann Franziska nervös zu werden. In der Ferne sah sie weitere Hügel und ein paar Holzhäuser. Sie waren längst in Småland angekommen. Plötzlich, gleich hinter einer engen Kurve, trat Sören abrupt auf die Bremse. Er fluchte irgendwas auf Schwedisch, das Franziska nicht verstand, dann sah sie es: ein Elch! Und was für einer! Er stand direkt auf der Straße. Sören hatte den Bus in einem großzügig bemessenen Sicherheitsabstand zum Stehen gebracht und schaltete nun den Motor aus. Der Elch senkte seinen Kopf über dem Grün am Straßenrand.
„Die Straße ist zu schmal, ich kann nicht weiterfahren", erklärte ihnen Sören und lehnte sich auf seinem Fahrersitz zurück. Er sah auf einmal blass aus.
„Ist alles in Ordnung?", fragte Franziska besorgt. Sören nickte. „Ja, klar. Aber ich lege mich bestimmt nicht zwei Mal am Tag mit einem Elch an. Wir warten, bis er verschwindet. Ich riskiere gar nichts, verstanden?"
Franziska beeilte sich ihm zu versichern, dass sie auch gar nichts anderes von ihm erwartete, trotzdem fiel ihr Blick auf ihre Uhr. Noch zwei Stunden, dann begann das Radiokonzert. Sie hatten längst da sein wollen! Sie schickte eine weitere WhatsApp-Nachricht an ihre Gastgeberin. Von

schwedischer Seite her hatte die Chorleiterin Nellie Holm alles vorbereitet, mit ihr war Franziska auch über die ganze Zeit im Gespräch gewesen. Nellie sprach sogar recht gut deutsch, was die Vorbereitungen erheblich erleichtert hatte. „Bei Elchen seid vorsichtig!", schrieb Nellie prompt zurück. Franziska gab sich Mühe, nicht verzagt auszusehen oder zu klingen. Anton war indes nach vorn gekommen und schoss ein Foto nach dem anderen von dem am Straßenrand grasenden Elch.

„Wieso bleibt er da stehen und geht nicht wieder in den Wald zurück?", fragte Gesine.

„Ja, Elche sind so", sagte Sören und starrte weiter unumwunden auf das große Tier. „Niemand weiß, warum sie tun, was sie tun!"

Gesine warf Franziska einen fragenden Blick zu, doch die zuckte auch nur ratlos mit den Schultern. Offenbar hatte Sören den Vorfall vom Vormittag noch nicht so gut verdaut, wie er ihnen weismachen wollte. Er weigerte sich jedenfalls, die Türen zu öffnen oder auch nur einen Meter weiterzufahren.

„Vielleicht würde es ja helfen zu hupen", schlug Edeltraud vor. Auch sie guckte wieder und wieder nervös auf die Uhr. „Es wird ziemlich knapp! Wenn mein Geotracker sich nicht völlig irrt, sind wir noch eine Stunde von der Ingatorps Kirche entfernt."

„Ungefähr noch fünfzig Minuten", bestätigte Sören und Franziska wurde ganz flau im Magen. „Vielleicht doch mal hupen", schlug sie vor. Sören tat nichts dergleichen. „Vielleicht wird der Elch aggressiv, wenn man hupt?", mutmaßte Magdalena. „Ich google das gleich mal", sagte Gunnar,

kam dann aber davon ab, weil der Elch auf der Straße eben doch ein tolles Fotomotiv war.
Nach einer weiteren Viertelstunde griff Franziska beherzt zur Selbsthilfe und über Sören hinweg ans Armaturenbrett und hupte. Der Elch hob den Kopf und trabte ein paar Schritte auf den Bus zu. Nun erstarrte Sören vollends, ein paar Damen schrien auf und Anton filmte, was das Zeug hielt. Franziska hupte wieder und wieder, der Elch blieb stehen und trabte dann sehr langsam und behäbig ins Unterholz. Erst als sein Geweih ganz abgetaucht und außer Sichtweite war, ließ Sören wieder den Motor an. „Nun aber ein bisschen flott!", verlangte Franziska und deutete auf die Uhr. „Jetzt keine weiteren Verzögerungen mehr, sonst fängt die Übertragung noch ohne uns an!" Sören fuhr so schnell, wie es die Straßenverhältnisse zuließen. Draußen wechselten Wälder mit Wiesen, ab und zu sah man kleine Seen. Anton war glücklich über seine Fotos und zeigte sie herum. Er schien beinahe von einer Art Elchfieber ergriffen zu sein. Sogar kleine Videosequenzen hatte er gedreht. Er postete ein paar der Bilder auf Facebook und Instagram. „Der Elch hat schon über dreißig Likes", sagte er nach ein paar Minuten stolz. Zumindest er fand die ganze Situation großartig. Die Zeit bis Ingatorp verflog geradezu und als sie die Stadt erreichten und auf die zauberhafte weiße Kirche zufuhren, die hinter einem halben Dutzend brauner, in der Abendsonne glänzender Holzhäuser zum Vorschein kam, hatte Franziska einen regelrechten Kloß im Hals.
„Sie ist noch viel schöner, als auf den Fotos", hauchte Edeltraud. Das Grün der Bäume im Vordergrund, das schiefergraue Ziffernblatt der Turmuhr, deren Zeiger sich aller-

dings unbarmherzig auf sechs Uhr zu bewegten. Der große Zeiger hatte gerade eben die Fünf passiert, ihnen blieb kaum mehr als eine halbe Stunde, dabei mussten sie sich dringend noch einsingen! Der Bus kam zum Stehen und Franziska erkannte in der aufgeregt auf sie zustürmenden Frau auf Anhieb Nellie Holm. Die Türen öffneten sich und Franziska stürmte hinaus. Magdalena übernahm es, alle geordnet samt Gepäck aus dem Bus zu bekommen. Sie drückte, wie Franziska aus dem Augenwinkel heraus mitbekam, Sören auch ein Trinkgeld in die Hand. Dann übernahm Gesine Keller in ihrer unaufgeregten Art. Zeit zum Umziehen blieb nun freilich nicht mehr. „Aber es ist eine Radioübertragung, da ist es am Ende egal, wie wir aussehen", beruhigte Gesine die Sänger, die wegen der knappen Zeit nun doch aufgeregt waren. Nellie Holm zeigte ihnen den Raum im Gemeindehaus, wo sie sich notdürftig einsingen konnten. Sobald Gesine die bekannten Übungen anstimmte, mit denen man das Zwerchfell lockerte, die

Stimme geschmeidig machte und die Höhen und Tiefen auslotete, waren alle konzentriert bei der Sache. So eine Routine vor dem Auftritt hatte durchaus etwas Beruhigendes, dachte Franziska.

Der Inatorper Kirchenchor hatte sich in der Kirche bereits aufgestellt, als der Kammerchor schließlich in die Kirche einzog. Franziska sah schon beim Betreten der Kirche die aufgehängten Mikrofone, Radiomitarbeiter liefen herum und baten die Zuhörer um Ruhe. Die Kirchenbänke waren gleichmäßig um einen breiten Mittelgang aufgestellt und vollbesetzt. Nelly Holm zeigte Gesine, wo und wie sie Aufstellung beziehen sollten, und Franziska staunte nur, wie ruhig alle blieben. Sie hatten nicht noch einmal proben können, ja nicht einmal für eine Erfrischung oder eine Vorstellung der Gäste oder Gastgeber hatte es gereicht, doch in der Kirche herrschte eine himmlische Ruhe, die weit über das Akustische hinausging.

Pünktlich gab Signe Andersson auf der Orgel den Startschuss für das Konzert. Der Chor stieg stimmgewaltig mit dem „Ave Maria“ des finnischen Komponisten Jaako Mäntyjärvi ein, dann folgte „Med mitt öga se“ des Schweden Jerker Leijon, bevor der Chor eine Improvisation einer schwedischen Volksweise anstimmte. Die Akustik in der Kirche war wunderbar, und der schwedische Chor sang auf höchstem Niveau. Alle Stimmen mischten sich gut und waren ausgewogen besetzt. Der Sopran schwang sich klar und mühelos in die Höhen auf, auch der Tenor war kräftig zu vernehmen. Das Problem von zu wenigen männlichen Chormitgliedern schien es hier nicht zu geben. Franziska war beeindruckt.

Dann waren sie an der Reihe und Franziska schlug das Herz bis zum Hals. Der Einstieg in die Motette mit den Rufen „Komm, Jesu, komm“ gelang ihnen gut. Trotzdem beruhigte sich Franziskas Puls erst, nachdem die Fuge mit dem „sauren Weg“ geschafft war. Als sie bei der Schlussarie mit den Worten „Drum schließ ich mich in deine Hände“ angekommen waren, sang sie endlich ganz befreit und gelöst. Ihren Mitsängerinnen und -sängern schien es ähnlich zu gehen. Magdalena strahlte jedenfalls, ebenso Anne und Gunnar. Nach ihnen übernahmen die Gastgeber erneut, dann war das Konzert auch schon vorbei. Franziska konnte es selbst kaum glauben. Die Zeit war nur so verflogen. Die Besucher applaudierten minutenlang, beide Chöre verbeugten sich wieder und wieder, die Chorleiter bekamen Blumen.

Auch dieser Tag in Schweden war mit seinen Aufregungen wie im Flug vergangen. Für den nächsten Tag hatte sich Franziska auf besonderen Wunsch von Anton um einen Ausflug in einen Elchpark gekümmert.

„Besonders empfehlen kann ich nach meinen Recherchen den Elinge Elchpark in Hamneda Småland und den Malilla Elchpark. Beides ist heute zu schaffen, wer also losmöchte, jetzt wäre die Gelegenheit. Der Bus bringt euch hin!“ Doch bei weitem nicht alle schlossen sich Anton an. Ein gutes Dutzend Gäste blieb unschlüssig vor der Kirche, vor der sie sich mit ihren Gastgebern verabredet hatten, stehen. „Für all diejenigen, die keine Lust auf eine weitere Begegnung mit einem Elch haben, hätte ich ein paar Tipps parat“, lachte Signe Andersson, die schwedische Organistin.

„Wie wäre es mit einem Ausflug nach Vimmerby! Ich be-

gleite euch gern, ich stamme nämlich von dort! Vimmerby ist der schönste Ort auf der ganzen Welt, das könnt ihr mir glauben. Das ist wie Urlaub bei Pippi Langstrumpf! Astrid Lindgren wurde dort geboren, Vimmerby gilt als Vorbild für all das, was sie in ihren Büchern beschreibt. Ein Paradies nicht nur für Kinder, sondern für alle Fans der weltberühmten Autorin. Wir alle sind ja hier mit den Geschichten rund um Pippi, Karlsson vom Dach, Michel aus Lönneberga und Ronja Räubertochter aufgewachsen!"
„Das sind wir auch!", versicherte ihr Edeltraud und hakte sich bei ihr unter. „Oh ja, zeig mir die Villa Kunterbunt, meine Liebe!" Und lachend zogen die beiden ab, gefolgt von Franziska und Gesine Keller, die auch lieber Pippi Langstrumpfs Nachfahren als einen Elch sehen wollten. Schweden war immer für eine Überraschung gut, dachte sich Franziska und wunderte sich selber darüber, wie schnell sie dieses Land und seine Menschen in ihr Herz geschlossen hatte. Sie wünschte wirklich, sie hätte mehr Zeit. Sie dachte zurück an Stockholm und an all die Provinzen, die noch darauf warteten, von ihr entdeckt zu werden. Franziska schloss die Augen und geriet ins Träumen. Ja, sie würde wiederkommen und vor allem eins mitbringen: Zeit! Viel mehr Zeit!

Ungebetener Besuch

Es war ein heller, sonniger Tag, als Marie Hellmann zum ersten Mal das Gefühl hatte, hier stimmt etwas nicht. Sie arrangierte, wie jeden Samstagnachmittag, die Blumen am Altar, als sie seltsame Geräusche hörte. Sie stutzte, schaute sich um, doch sie war allein. Draußen wehte eine leichte Brise, zu sanft, um die Fensterläden klappern zu lassen. Sie konnte gar nicht verhindern, dass sich ihr die kleinen Härchen auf den Armen aufstellten. Das seltsame Geräusch wurde leise, dann hörte sie es nicht mehr, egal wie angestrengt sie in die Stille hineinhorchte. Marie schüttelte die Irritation ab und widmete sich wieder den weißen und lilafarbenen Freesien. Doch ein bisschen unheimlich war ihr die Situation schon. Plötzlich hörte Marie ihren Momo bellen, den sie draußen vor der Kirche angebunden hatte. Momo, ein Golden Retriever, war normalerweise ausgesprochen geduldig und pflegeleicht. Allein deshalb war Marie schon alarmiert. Sie beschloss nachzusehen. Draußen saß Momo nicht mehr ganz so lieb unter dem alten Kirschbaum, sondern er schnüffelte aufgeregt und zerrte an der Leine Richtung Mauerwerk. Marie band ihn los und augenblicklich zerrte Momo sie weg vom Kirschbaum zur Kirche. Dort schnüffelte er aufgeregt an der Nordwand des barocken Gemäuers herum. Marie ließ ihn gewähren. Wenn sein Jagdtrieb durchbrach, was zum Glück nicht allzu häufig vorkam, war er nicht zu bremsen. Momo schnüffelte voller Elan und Ausdauer, doch als er nichts fand, ebb-

te sein Interesse ab und er schaute Marie schwanzwedelnd an. Nun konnte sie auch die Kirche abschließen und sich mit Momo auf den Heimweg machen.
Sie waren zu Fuß gekommen, wie immer bei schönem Wetter. Es bot sich auch an, da der Weg perfekt als Gassirunde für Momo geeignet war. Momo war erst drei Jahre alt und liebte Bewegung. Leider kamen ausgiebige Spaziergänge unter der Woche fast immer ein wenig zu kurz, was einfach daran lag, dass Marie als Religionslehrerin und engagiertes Chormitglied ihrer Gemeinde zeitlich eingespannt war. Fast schon automatisch drehte sie sich noch einmal um – St. Pankratius bot wirklich einen herrlichen Anblick.
Die Kirche war ein Juwel, das liebevoll gehegt und gepflegt wurde. Sie verfügte nicht nur über einen barocken Hochaltar, der dem heiligen Josef und dem heiligen Pankratius gewidmet war, deren Statuen links und rechts vom Altarbild standen, sondern auch über eine grandiose Orgel, die über die Orts- und Gemeindegrenzen hinweg bei Kirchenmusikern und Konzertorganisten beliebt war. Deshalb wurde sie gern und wann immer möglich gespielt: im Gottesdienst und bei Konzerten, nicht nur zu Fest- und Feiertagen. Besonders die Konzerte waren beliebt und trugen nicht unerheblich zur Aufbesserung der Gemeindefinanzen bei. Ein guter Organist konnte gut und gerne schon mal an die hundert, zweihundert Besucher anlocken, die dann überraschend viel Geld in die Spendendose steckten.
Das nächste Orgelkonzert, eine besondere Hommage an Samuel Scheidt und Johann Pachelbel, war schon geplant, in zwei Wochen sollte es so weit sein. Bei Scheidt hatte sich Elisabeth Schollenbach, die Organistin und Kirchen-

musikerin der Gemeinde, die das Konzert spielen wollte, für Ausschnitte aus den Tabulatura nova entschieden, bei Pachelbel wollte sie unter anderem sein populärstes Werk, den Kanon und die Gigue in D-Dur spielen.

„Ich mag eben vor allem die Alte Musik. Frühbarock ist mir das Liebste. Und in Mitteldeutschland können die großartigen Komponisten, die aus unserer Gegend stammen, ruhig mehr Beachtung finden!"

Elisabeth Schollenbach war bekannt dafür, besonders für die Region eine Lanze zu brechen. Deshalb hatte sich Marie auch nicht über die Musikauswahl gewundert. Sie sang schon viele Jahre im Kirchenchor, den Elisabeth leitete. Sie ahnte jedoch, dass viele Besucher keinen blassen Schimmer haben würden, was sie da hörten, und dass es sie vermutlich auch nicht wirklich interessierte.

„Ich merke mir das sowieso nicht", antwortete ihre eigene Mutter mit schöner Regelmäßigkeit, wenn sie Marie bei ihren Konzerten besuchte und Marie ihr erklären wollte, was für Stücke vorgetragen wurden. „Für mich ist nur wichtig, dass die Musik sich schön anhört." Dem war nichts hinzuzufügen, wie Marie fand, auch wenn ihr eigenes Interesse da deutlich größer war. Sie liebte Orgelmusik sehr, auch wenn sie selbst kein Instrument, schon gar keine Orgel, spielen konnte. Sie liebte die Töne, die die Orgel hervorbrachte, deshalb schaute sie auch, so oft es sich anbot, bei den Proben vorbei. Zum Glück hatte Elisabeth Schollenbach nichts dagegen, im Gegenteil, sie

genoss es schon ein bisschen, ihren eigenen kleinen Fanblock in der Gemeinde zu haben.
Donnerstagabend war es wieder so weit. Marie band Momo an seinem Stammplatz unter dem Kirschbaum an, dann setzte sie sich in die vorletzte Reihe und schloss die Augen, während Elisabeth zur Abwechslung einen Orgelchoral von Bach anspielte.
„Da ist doch irgendein Geräusch, das da nicht hingehört!“, raunte sie dem Pfarrer zu, der neben ihr Platz genommen hatte. Der schaute auch leicht irritiert von einer Ecke zur anderen.
„Stimmt, ich weiß nur nicht, wo es herkommt. Es hört sich fast so an, als würde jemand über Holzdielen laufen!“
Marie nickte. „Ja, aber hier unten ist nichts! Ob es von oben kommt, vom Gebälk?“ Beide legten den Kopf in den Nacken, während Elisabeth einen neuen Anlauf mit dem Choral unternahm, den sie jedoch, als die Geräusche lauter wurden, abbrach.
„Hört ihr das auch?“, rief sie Marie und dem Pfarrer zu.
„Ja, aber wir können es nicht identifizieren“, rief Bernhard Burgener zurück. „Können die Geräusche von der Orgel kommen? Ich höre sie nur, wenn die Orgel spielt!“
„Nein, ausgeschlossen!“, protestierte Elisabeth. „An der Orgel rattert, klappert und poltert für gewöhnlich nichts!“
„Und wenn was locker ist?“, hakte der Pfarrer nach. Elisabeth Schollenbach wurde ganz blass. „Sie meinen, die Orgel könnte kaputt sein?“
Marie stockte der Atem. So eine Orgel-Reparatur konnte schnell mal ein Vermögen kosten. Und vielleicht wäre das Instrument über längere Zeit nicht bespielbar. Allein heraus-

zufinden, wo welcher Schaden vorlag, konnte dauern! Marie wagte gar nicht, daran zu denken. Draußen kläffte Momo in die Stille des Vorabends hinein. Marie fiel etwas ein.

„Das Geräusch muss nicht zwingend was mit der Orgel zu tun haben", sagte sie und überlegte noch einen Moment. „Als ich die Blumen am Samstag arrangiert habe, da habe ich es auch gehört. Und Momo ist draußen fast ausgeflippt! Eben hat er ja auch gekläfft!"

„Wenn die Orgel kaputt ist, nein, Himmel, bitte nicht! Dann weiß ich auch nicht weiter. Es sind doch Konzerte geplant, die Aushänge für die nächsten vier Konzerte angebracht. Der Vorverkauf der Karten hat auch schon begonnen. Ich weiß nicht, ob euch klar ist, was ein Ausfall der Orgel für Konsequenzen hätte! Die Gottesdienste bleiben ohne musikalische Begleitung. Eine Orgel kann man nicht mal eben austauschen, die klemmt sich keiner unter den Arm. So eine Orgel ist ein komplexes Instrument!"

„Bitte, Elisabeth, das wissen wir doch", versuchte Marie die aufgebrachte Organistin zu beruhigen.

„Wer weiß, was das für Geräusche sind, sie tauchen vielleicht wirklich nur rein zufällig auf, wenn die Orgel spielt, wir sollten das auf jeden Fall beobachten."

Darauf einigten sie sich sofort. „Ich komme morgen wieder und spiele ein paar Stücke an. Ich wollte mir ohnehin noch die Registrierung für den Scheidt überlegen." Auch Marie beschloss, am nächsten Tag wieder vorbeizuschauen. Als sie draußen vor der Kirche Momo losband, hatte der sich längst wieder beruhigt. Kein Kläffen, kein Zerren an der Leine, kein aufgeregtes Herumschnüffeln. Momo war friedlich wie immer.

Am Abend, Marie hatte sich in ihren Krimi vertieft, klingelte plötzlich das Telefon. „Du musst ganz schnell den Fernseher anmachen!“, rief ihr Elisabeth zu. „Im Ersten, da läuft gerade so ein Bericht über einen Siebenschläfer. Der hat eine Orgel angefressen in einer kleinen Gemeinde in Bayern. Schalte schnell ein!“

Marie griff nach der Fernbedienung und lauschte dann mit steigendem Entsetzen den Ausführungen des bayrischen Pfarrers und seines Organisten. Man hatte, so viel erschloss sich Marie, auch wenn sie den Bericht nicht von Beginn an gesehen hatte, wohl erst spät bemerkt, dass es sich um einen Siebenschläfer handelte, einem kleinen Nager, der nicht nur unter Artenschutz stand, sondern auch recht klein und flink war. Der hatte regelrecht randaliert, man konnte es nicht anders sagen. Es war ein Schaden im fünfstelligen Bereich entstanden, die gerade erst komplett überholte Orgel musste ein zweites Mal aus- und wieder eingebaut werden, sie war für fünf Monate insgesamt ausgefallen! Marie wollte sich gar nicht vorstellen, was das für St. Pankratius und die Gemeinde bedeuten würde, wenn ihre Orgel für einen so langen Zeitraum ausfallen würde. Elisabeth Schollenbach jedenfalls würde mindestens einen Nervenzusammenbruch erleiden. Das Telefon klingelte erneut, nun hörte sich Elisabeth schon reichlich hysterisch an, als sie Marie mitteilte, dass sie allen Ernstes vorhatte, jetzt sofort in der Kirche nach einem möglicherweise randalierenden Siebenschläfer zu suchen.„Siebenschläfer sind total selten“, versuchte Marie sie zu beruhigen. „Das hast du doch gerade gehört, Elisabeth. Du musst dir keine unnötigen Sorgen machen!“

„Was, wenn sich in meiner Orgel ein solches pelziges Monster eingenistet hat?“, fragte sie grimmig. „Ich darf es ja nicht mal vergiften oder Köder auslegen. Die Biester stehen ja unter Schutz! Wer auf solche blöden Ideen nur kommt? Und was ist mit meiner Orgel? Wer schützt die? Die steht auch unter Schutz, nämlich unter meinem!“, verkündete sie grimmig und legte auf. Marie überlegte einen Moment, sich eine Jacke überzuwerfen und nachzusehen, ob Elisabeth ihre Drohung wahrmachen würde. Andererseits, dachte sie, das Pfarrhaus war unmittelbar hinter der Kirche, der Pfarrer würde sicher merken, wenn sich nachts jemand in der Kirche rumtrieb, zumindest wenn es kein Siebenschläfer, sondern ein Mensch war. Andererseits, beklagte sich nicht Peter Recking, der sich ehrenamtlich um den Garten der Kirche und ein paar hauswirtschaftliche Aufgaben kümmerte, in letzter Zeit immer wieder darüber, dass die Mülltonnen umgestoßen waren? Das dürfte gewaltig scheppern, dachte Marie, und dagegen unternahm der Pfarrer auch nichts. Sie schob den Gedanken jedoch schnell wieder beiseite. Sie selbst konnte nichts tun, egal wie sehr sie sich den Kopf darüber zerbrach. Und die Geschichte mit den Mülltonnen rieb sie Elisabeth nur nicht unter die Nase, deren Nerven waren schon angespannt genug.

Das Orgelproblem machte in der Gemeinde schneller die Runde, als Marie erwartet hätte. Und viele hatten auch den Bericht über den dreisten bayrischen Siebenschläfer gesehen. Die Emotionen schlugen jedenfalls heftige Wellen. Elisabeth Schollenbach hätte am liebsten sofort einen Arbeitskreis zur Rettung der Orgel gegründet, allein der

Pfarrer bat alle immer wieder, die Ruhe zu bewahren. Da Elisabeth nichts an der Orgel selbst auffiel, außer eben, dass bisweilen komische Geräusche auftraten, konzentrierte auch sie sich auf das bevorstehende Konzert.
Und es wurde ein voller Erfolg, wie Marie sich selbst überzeugte. Die Kirche war bis auf den letzten Platz besetzt, die Einnahmen würden die Gemeindekasse ein Stück weit entlasten, freute sie sich. Einige Gemeindemitglieder nickten ihr anerkennend zu und deuteten auf den Blumenschmuck, der wieder bei allen gut ankam. „Die Rosen, herrlich, meine Liebe", raunte ihr Elisabeth zu, bevor sie zu ihrer Orgel rauschte. Das Konzert begann fulminant, Marie staunte immer wieder, welche Energie in Elisabeth steckte. Das einzig störende Geräusch war Momo, der zu Maries Ärger draußen laut kläffte. Dabei war er eigentlich der friedlichste Hund der Welt! Doch lange Zeit, sich über ihren Hund zu ärgern, hatte Marie nicht, denn plötzlich waren sie wieder da, die gefürchteten Geräusche! Während einer ruhigen Passage, als die Orgel wie von ganz fern im piano erklang, hörte man es. Laut und deutlich trippelte und trappelte jemand herum. Nicht nur Marie sah sich erstaunt um, es klang fast, als würde jeden Moment irgendwas Kleines, Haariges unter einer der Kirchenbänke hervorgeschossen kommen. Einige Besucher schienen das gleiche Gefühl zu haben, sie schauten kurzerhand unter ihren Sitzen nach. Doch außer der sich nun

ausbreitenden Unruhe passierte nichts. Elisabeth spielte unverdrossen weiter. Wie sie sich dabei fühlte, konnte Marie nur vermuten. Draußen bellte Momo empört auf, sodass sie am liebsten aufgesprungen wäre und nachgesehen hätte. Sie überlegte, ob ein Siebenschläfer wirklich so laut wäre, kam aber zu keinem Ergebnis. Es klang eigentlich nach einem größeren Tier. Im Fernsehen hatten die Siebenschläfer ganz klein ausgesehen. Dabei kam ihr ein verwegener Gedanke: Waschbären!

Elisabeth brachte das Konzert noch zu Ende, danach musste ihr Marie erst einmal einen starken Kaffee kochen. „Alle haben es gehört", stöhnte Elisabeth. „Irgendjemand attackiert meine Orgel! Jetzt muss etwas passieren!"

Dem stimmten alle zu und Peter Recking übernahm es, sich einen geeigneten Plan auszudenken. „Der Herr Pfarrer hat noch nicht mitbekommen, wer die Mülltonnen immer wieder attackiert. Auch wenn es nur Mülltonnen sind und damit der verursachte Schaden in keinster Weise mit einem möglichen Schaden an unserer Orgel vergleichbar ist, sollten wir vielleicht klären, ob es nicht einen Zusammenhang gibt. Also wenn es ein Siebenschläfer ist, dann muss er ja irgendwas fressen, und das holt er sich, so meine bescheidene Theorie, aus den Mülltonnen. Vornehmlich nachts, wenn auf dem Gelände Ruhe herrscht!"

„Wenn er sich dort rumtreibt, könnte man ihn doch dort auch einfangen", schöpfte Elisabeth Schollenbach Hoffnung.

Peter Recking nickte. „Klar, wenn wir ihn zu fassen kriegen."

„Wir müssen erst einmal klären, ob wir es überhaupt mit einem Siebenschläfer zu tun haben", gab Pfarrer Burgener zu bedenken. „Möglicherweise besteht ja zwischen den umgeworfenen Mülltonnen und den Geräuschen in der Kirche während des Orgelspiels überhaupt kein Zusammenhang. Auch wenn es keiner gerne hört, die Geräusche in der Kirche vernehme ich nur, wenn auch die Orgel spielt. Also liegt für mich der Verdacht nahe, dass das eine etwas mit dem anderen zu tun hat!"

„Nein, nein, Marie hat doch erzählt, dass sie das Geräusch auch beim Schmücken der Kirche gehört hat. Und da spielte keine Orgel!", verteidigte Elisabeth ihr heißgeliebtes Instrument.

„Stimmt, das habe ich gehört", bestätigte Marie und Pfarrer Burgener nickte. „War da nicht auch irgendwas mit Momo?"

„Ja, er hat laut gekläfft und danach die ganze Mauer inspiziert!"

„Hunde haben einen unglaublichen Geruchssinn! Bestimmt hat er versucht, Witterung aufzunehmen! Vielleicht sollten wir ihn mal an den Mülltonnen herumschnüffeln lassen?", schlug Peter Recking vor.

„Also, ich weiß nicht. Momo ist kein Polizeihund, sondern nur ein verspielter Golden Retriever", gab Marie zu bedenken. Doch weil sie alle so lieb darum baten, tat sie ihnen den Gefallen und führte Momo noch am gleichen Tag zu den Mülltonnen. Doch so richtig daran herumschnüffeln wollte er nicht.

„Riecht nicht so lecker, was?", bedauerte sie ihn und schob ihn ein paar Mal in die Richtung der Tonnen. Doch er wandte sich jedes Mal schnell wieder ab.

„Aus dir wird kein Spürhund", lachte der Pfarrer und steckte ihm ein Stückchen Wurst zu, woraufhin Momo ihm auf

den Versen blieb. „Nun hat er Witterung aufgenommen, allerdings nach der Wurst und nicht nach dem Eindringling!"
„Ich schlage vor, wir überlegen uns etwas anderes", sagte der Pfarrer und versteckte seine Hände in den Jackentaschen. „Momo, hör damit auf!"
„Ich könnte so eine kleine Webcam installieren", schlug Peter Recking später vor, als sie bei Tee und Keksen Momos Einsatz auswerteten. Elisabeth war ebenso anwesend wie der Pfarrer. Zu viert überlegten sie nun, was sie weiter tun sollten, ohne unnötig Kosten zu verursachen oder weiteren Schaden zu riskieren.
„Wir haben de facto nichts in der Hand", stellte Peter Recking klar. „Richten wir die Kamera auf die Mülltonnen, dann sehen wir, wer sie umwirft. Und wenn es nur ein Schabernack von irgendwem im Ort ist, dann kriegen wir damit auch das raus."
„Was Sie immer mit Ihren blöden Mülltonnen haben", murrte Elisabeth. „Die sind doch piepegal! Es geht um die Orgel! Wir hätten den Hund vielleicht lieber an der Orgel herumschnüffeln lassen sollen, anstatt an den stinkenden Tonnen."
Marie musste sich das Lachen verkneifen, Elisabeth Schollenbach klang nun schon fast wie ihre fünfjährige Nichte, sehr altklug und ziemlich trotzig.
„Ich denke, Herr Recking spielt darauf an, dass jedes Tier fressen muss und es deshalb Sinn ergibt, die potentielle Nahrungsquelle zu beobachten", erinnerte Marie die Organistin. „Ich bin jedenfalls dafür, wobei ich nun schon fast einen anderen Verdacht habe, nämlich Waschbären! Vor allem, wenn ich mir den Zusammenhang noch mal

klarmache. Nur wie das Orgelspiel da hineinpasst, ist mir noch unklar", überlegte Marie laut. Der Pfarrer nickte zustimmend. „Mir fällt dabei auch eher ein Waschbär ein als ein Siebenschläfer. Ich denke, einen der unzähligen Berichte über demolierte Dachböden, umgeworfene Tonnen oder auf den Kopf gestellte Schuppen hat jeder von uns schon mal gesehen. Mir geht's aber ähnlich wie Frau Hellmann, das Orgelspiel passt da nicht rein. Denn in der Kirche tauchen die Geräusche vornehmlich auf, wenn die Orgel spielt. Ausnahmen bestätigen die Regel, wie immer!"
„Den Waschbären gefällt mein Orgelspiel eben!", warf Elisabeth Schollenbach so hoheitsvoll ein, dass selbst der Pfarrer grinsen musste.
Man einigte sich auf eine Webcam, die Peter Recking ein paar Tage später installierte. Dann hieß es abwarten, was ihnen von Tag zu Tag schwerer fiel. Denn die Mülltonnen lagen zwar weiterhin morgens umgeworfen im Hof, jedoch war auf den Bildern kaum etwas zu erkennen. Mal war die Kamera zu weit weg positioniert, sodass alles sehr winzig war, mal waren die Aufnahmen total verpixelt oder es war Neumond und stockfinster. Erst im vierten Versuch war überhaupt ein Tier auszumachen, aber die Bilder waren viel zu unscharf, als dass man hätte genau erkennen können, um was es sich dabei handelte.
„Wir brauchen eine empfindlichere Kamera und eine andere Position", stellte Peter Recking nach diesem vierten Versuch fest. „Ich habe einen Plan, lasst mich was versuchen!"
Sie ließen ihn, auch weil weder dem Pfarrer noch den beiden Frauen etwas Besseres einfiel. Und den Gemeinderat involvieren wollten sie auch nicht. Allen Gemeindemit-

gliedern, die sich erkundigten, erzählten sie ohnehin, dass man die Lage im Griff und einen Experten engagiert hatte.
„Ich will keine Aufregung in der Gemeinde, die Firmungsfeier steht an, der Bischof kommt in die Gemeinde, das Letzte, was ich jetzt brauche, ist ein Tumult um die Orgel oder um irgendwelche artenrechtlichen Fragen im Zusammenhang mit Siebenschläfern oder Waschbären! Wir müssen das Problem so geräuschlos wie möglich selber lösen“, hatte der Pfarrer als Devise ausgegeben. Und so aufgeregt Elisabeth Schollenbach wegen ihrer Orgel und deren möglicher Zerstörung auch war, so sehr war sie bemüht, die Sache nach außen hin nicht aufzublasen. Es dauerte eine Weile, bis bei Marie der Groschen fiel. „Du hast Angst, dass jemand auf den Gedanken kommt, St. Regina als Ersatzkonzertort aufzubauen, richtig?“
Elisabeth sah sofort ertappt aus. „Ja“, gab sie zu. „St. Regina hat auch eine Orgel, eine ganz nette sogar, aber die macht einem die Registrierung nicht leicht, spielt sich sperriger und klingt auch nicht so schön. Das ist einfach kein Vergleich!“
Marie verstand. Organisten hatten, insbesondere wenn sie die Wahl hatten, eben auch ihre Lieblingsinstrumente. Ihr eigener Vater spielte Gitarre und besaß inzwischen ein halbes Dutzend davon und schwor jedes Mal, dass jede von ihnen ein Unikat sei und etwas könne, was die anderen nicht konnten.
Es war ein Mittwoch, der den Durchbruch brachte.
„Eine Waschbärenfamilie, ganz eindeutig“, befand Peter Recking und spielte Marie, Elisabeth und dem Pfarrer die Aufnahme erneut vor. Ganz deutlich war ein ausgewach-

sener Waschbär zu sehen und, Marie glaubte ihren Augen nicht zu trauen, vier kleine Mini-Waschbären!
„Die haben Nachwuchs bekommen, wie süß, seht doch mal." Marie konnte ihren Blick kaum abwenden.
„Ja, sehr süß, aber sie müssen trotzdem weg", stellte Elisabeth Schollenbach klar. „Nicht, dass ihnen noch einfällt, meine Orgel anzuknabbern!"
Darin waren sich alle einig. Auch, dass es sich offenbar um eine ausgesprochen musikalische Waschbärenfamilie handelte, denn Elisabeth Schollenbach ließ es sich nicht nehmen, die Probe aufs Exempel zu machen.
„Ich werde ein hübsches Kirchenlied anspielen und dann werden wir ja sehen. Während des Gottesdienstes singt ja die Gemeinde meist lauthals mit, da gehen die Nebengeräusche unserer ungebetenen Gäste natürlich unter!"
Und kaum hatte sie begonnen, trabbelte es auch schon los.
„Die tanzen zur Musik!", lachte Peter Recking, wohingegen der Pfarrer den Verdacht äußerte, dass die Orgel die Tierchen aufschreckte.
„Das erzählen Sie der Elisabeth aber besser nicht", bat Marie, der sich der gleiche Verdacht aufdrängte. Wenn Waschbären genauso geräuschempfindlich waren wie Katzen beispielsweise, dann hörte sich die Orgel vermutlich wie Donnerhallen an. Und das erschreckte sie, klar.
Die nächsten Tage verbrachte Marie Hellmann damit herauszufinden, wie man Waschbären am besten umsiedeln konnte. Schnell wurde klar, dass es so einfach gar nicht war, denn man brauchte allein für den Fang eine Genehmigung, eine Tatsache, die insbesondere Elisabeth Schollenbach rasend machte.

„Diese kleine verfressenen Biester bedrohen meine Orgel und wir können nichts tun?", tobte sie.
„Doch natürlich können wir etwas tun, wir gehen das planmäßig an. Ich habe mich erkundigt, die Regelungen sind ja von Bundesland zu Bundesland verschieden. Bei uns stellt die Jagdbehörde derartige Genehmigungen aus, eigentlich nur im Ausnahmefall, aber den sieht man hier als gegeben, Baudenkmal ist schließlich Baudenkmal! Und mit der Genehmigungspflicht, so hat man mir erklärt, soll lediglich sichergestellt werden, dass Grundstückseigentümer nicht zu fragwürdigen Mitteln wie vergiftete Köder greifen, um Waschbären loszuwerden. In manchen Gegenden sind die putzigen Tierchen nämlich zu einer ganz schönen Landplage geworden. Als Allesfresser finden sie praktisch überall etwas, aber Orgeln findet man für gewöhnlich nicht auf ihrem Speiseplan", betonte er. „Da Waschbären ausgesprochen anpassungsfähig sind, erweitern sie ihren Lebensraum ständig. Bei uns in der Gegend sind sie eigentlich noch nicht so weit verbreitet, aber in Niedersachsen können sie inzwischen sogar abgeschossen werden, es gilt nur eine Schonzeit!"
„Ziemlich kompliziert", stöhnte Marie. „Einerseits brauchst du eine Genehmigung und im Nachbarbundesland darf man sie abschießen?"
Sie zog die Stirn kraus.
„Ein Jäger darf das, und zwar nur ein Jäger, sonst niemand", stellte Peter Recking klar. „Ich schlage Lebendfallen vor. Und wir müssen aufpassen, dass wir alle erwischen und alle gemeinsam umsiedeln. Leider habe ich keinen Zoo gefunden, der sie aufnehmen würde. Aber", nun grinste er

breit in die Runde, „es gibt noch andere Möglichkeiten! Wir haben doch da dieses alte, baufällige Schuppengebäude, es gehört dem Gemeinderat. Man könnte jetzt mit denen sprechen, ob sie es uns als Gehege für die Waschbären überlassen. Denn, und nun kommt es, die Gehegehaltung von Waschbären ist im Prinzip jedem gestattet, der von seinem Landratsamt eine entsprechende Genehmigung bekommt!"

„Genehmigung? Ist nicht Ihr Ernst!" Elisabeth schüttelte fassungslos den Kopf. „Geht überhaupt noch irgendwo irgendwas ohne Genehmigung? Dafür fallen bestimmt Gebühren an, stimmt's? Wer denkt sich diesen Mist denn nur aus?"

„Nicht aufregen, Elisabeth", sagte Marie und drückte beruhigend die Hand der Organistin. „Ich bin sicher, wir bekommen eine Genehmigung, richtig?"

Peter Recking nickte. „Ich habe schon mal vorgefühlt, wir würden eine bekommen. Wenn wir den alten Schuppen kriegen und da, lieber Herr Pfarrer, kommen Sie ins Spiel! Sie haben Charme und Talent, Sie können ihn bestimmt der Gemeinde abschwatzen. Die haben für die Sanierung eh kein Geld und kaufen will das Ding seit Jahren auch keiner. Und vielleicht können wir die Kosten ja irgendwie kompensieren?"

Nun starrten alle wie auf Kommando Elisabeth Schollenbach an. „Was?", fragte sie. „Okay, einverstanden, ich gebe ein Orgelkonzert und wenn der Chor mitmacht, gibt der Chor auch noch ein Konzert mit Orgelbegleitung! Zwei Benefizkonzerte sollten reichen, um das Geld für die Umsiedlung zusammenzubekommen, oder?"

Der Pfarrer nickte zufrieden. „Ich bin zuversichtlich, dass wir das hinbekommen!"

Es dauerte nur wenige Tage, bis Pfarrer Burgener den Gemeinderat von seinem Plan überzeugt hatte. Das Waschbärenhaus, wie man es nun offiziell nannte, würde eine weitere kulturelle Bereicherung für die Gegend darstellen, war man übereingekommen. Selbst für eine rasche Umsiedlung wurde nun gesorgt. Der Bürgermeister kannte jemanden, der jemanden kannte, dessen Schwager gute Kontakte zu einer Spezialfirma unterhielt, die so etwas schon mal gemacht hatte. Marie wollte gar nicht so genau wissen, wie man Waschbären umsiedelte, sie stellte sich lieber vor, dass jemand die possierlichen Tierchen mit einer Handvoll Leckerli in bequeme Transportboxen lockte, die man dann zügig an den neuen Wohnort schaffte, wo man die Tiere unverzüglich wieder frei ließ.

„Es ist vollbracht, die Waschbären sind umgezogen!“, unterrichtete sie Peter Recking zwischen zwei Unterrichtsstunden via WhatsApp über den Stand der Dinge. „Nun sollte unsere gute Elisabeth wieder ruhig schlafen können!“ „Es ist ein so unglaublich beruhigendes Gefühl, dass sie weg sind. Ich habe himmlisch geschlafen. Natürlich erst, nachdem ich mich persönlich davon überzeugt hatte, dass alle umgesiedelt sind. Nun ist unsere Orgel wieder sicher“, freute sich Elisabeth Schollenbach, als Marie sie das nächste Mal in der Kirche traf. Und fügte hinzu: „Und irgendwie sind sie ja auch ganz putzig, mit ihren schwarzen Knopfaugen und den süße Ohren! Nicht wahr?“

Bella, die Orgelkatze

Ich habe schon früher in der Nähe einer kleinen Dorfkirche gelebt. Früher, das war, bis Erika zu ihren Kindern gezogen ist. Erika war Organistin. Auch als sie schon in Rente gegangen war, spielte sie bisweilen noch auf der Orgel der kleinen Dorfkirche, die so hübsch idyllisch auf einem Hügel lag. Ich mochte es jedenfalls sehr, wenn Erika die Orgel zum Klingen brachte. Meist tat sie das, nachdem sie meinen Futternapf gefüllt hatte. Ich futterte und sie inspizierte die Kirche. Jedes Mal das gleiche Ritual: Sie betrat den Raum, schaute nach links, nach rechts und dann nach oben – und schnupperte in die Luft, so wie ich es auch tat, wenn ich Witterung aufnahm. „Ich kann Schimmel riechen“, war ihre Standardantwort, wenn sie jemand nach ihrem seltsamen Verhalten befragte. Das konnte ich übrigens auch, vielleicht mochten wir uns deshalb auch auf Anhieb. Schimmel gab es aber zum Glück in der Kirche nicht, was Erika sehr beruhigte.

„Schimmel“, so wurde Erika nicht müde zu erklären, „ist die Plage der Neuzeit für unsere Kirchen und vor allem die Orgeln!“ Ich hörte ihr stets aufmerksam zu, wenn sie redete, legte den Kopf leicht schräg und miaute ab und zu. Erika hatte viel zu erzählen, sie wusste ja auch viel. Erika freute sich darüber, wenn ihr jemand zuhörte. „Seit die Menschen nicht mehr so oft in die Kirche gehen, gibt es dort weniger Mitarbeiter und es wird nicht mehr regelmäßig gelüftet“, erklärte sie. „Also schimmelt es, wie zu Hause auch, wenn man dort nicht richtig lüftet. Und wenn sich der Schimmel erst einmal eingenistet hat, dann schimmelt auch irgendwann die Orgel, und dann ist es aus!" Und ja, aus war es dann leider auch, jedoch nicht mit der Orgel, die war nicht verschimmelt, sondern mit mir und Erika. Vor einigen Wochen stürzte sie sehr unglücklich, musste erst ins Krankenhaus und zog danach zu ihren Kindern. Allein zu leben war für Menschen in einem gewissen Alter offenbar gefährlich. So stand ich nun allein da.

Und ebenso, wie nun keiner mehr regelmäßig die Kirche lüftete, kam auch keiner mehr zum Füttern vorbei, meine Näpfe blieben leer. Ich versuchte, mich wieder an Mäuse zu gewöhnen, doch das war nichts mehr für mich. Sie schmeckten einfach nicht, außerdem war es wirklich anstrengend, die kleinen Biester zu jagen. Ich magerte also ziemlich rasch ab. Deshalb wurde schnell klar, dass ich einen Plan brauchte. Anders als die arme Orgel, die nun nicht mehr täglich frische Luft bekam, war ich nicht an diesen Ort gebunden. Ich hatte vier gesunde Pfoten und war mit meinen sechs Jahren im allerbesten Katzenalter, zudem recht hübsch, was an meinem puscheligen Fell und meiner grazilen Gestalt lag. Ich konnte gut mit Menschen umgehen. Wenn ich sie umgarnte und ihnen liebevoll-maunzend um die Füße strich, bekam ich meistens, was ich wollte. Doch dazu musste ich erst mal jemanden finden, bei dem ich meine Tricks anwenden konnte. Hier zu der alten Dorfkirche verliefen sich nicht allzu viele Menschen. Ich brauchte ein neues Zuhause.

Es war ein schöner Sonnentag, an dem ich mich auf den Weg machte. Ich warf noch einen letzten Blick zurück, dann sprang ich energisch los. Bloß nicht sentimental werden, ermahnte ich mich. Ich sprintete bis zum nahen Fluss, dort marschierte ich am Ufer durchs Unterholz bis zur alten Holzbrücke, weiter als ich jemals zuvor gelaufen war. Als ich die erste Pfote auf die Brücke setzte, fühlte ich mich, als würde mir die Welt gehören! Der Wind der Freiheit pfiff mir um die Nase, ich blieb stehen und genoss das Gefühl, jedoch nur kurz. Dann hörte ich Reifen quietschen, es brummte und ratterte und ich begriff, dass ich mitten auf einer leidlich befahrenen Straße stand und der rote Wagen vor mir eben eine Vollbremsung hingelegt hatte. Schneller als ich es mitbekam, rissen mich zwei kräftige Hände beherzt hoch.

„Du hast die Katze doch nicht etwa angefahren?", rief eine Frau und steckte ihren Kopf aus dem Fenster des Autos. Ich fuhr die Krallen aus, schneller als ich denken konnte strampelte ich mich frei, dann türmte ich. Mein Herz ras-

te, ich atmete flach und schnell und lief, so schnell mich meine Pfoten trugen. Nur weg von der Straße, die war ja lebensgefährlich! Erst als ich mich auf die andere Seite des Flusses in ein Gerstenfeld gerettet hatte, wurde mir klar, dass ich womöglich gerade eine Chance auf ein richtiges Zuhause vertan hatte! Hätte ich mich nicht so gewehrt, sie hätten mich vielleicht mitgenommen! Ich ärgerte mich eine Weile, dann lief ich weiter. Es half ja nichts, mein Fluchtreflex hatte gesiegt. Sicherheitshalber hielt ich mich von allen Straßen fern.

Ich tigerte durch einen kleinen Wald, dann über Wiesen und Felder, bis ich in der Ferne etwas entdeckte, das mir bekannt vorkam: eine Kirchturmspitze! Das würde mein Ziel sein, nahm ich mir vor und lief immer auf die Kirche zu, bis ich sie schließlich erreichte. Es war eine kleine Kirche. Drumherum gab es eine hübsche Wiese, Bäume und eine kleine Mauer, die für mich natürlich kein Hindernis darstellte. Alles wirkte sehr ruhig und verlassen, aber auch gepflegt. Der Rasen war hübsch kurz gehalten, es wuchsen ein paar Blumen in extra angelegten Beeten, hier kümmerte sich jemand um alles, das sah ich sofort. Auf der Suche nach einem ruhigen Fleckchen, an dem ich mich ausruhen, zu Kräften kommen und nachdenken konnte, was ich nun weiter tun würde, sah ich eine junge Frau. Sie betrat die Kirche und ich nutzte die Chance und schlüpfte durch die Tür mit hinein.

Fast schon automatisch schnupperte ich neugierig in die Luft – nein, kein Schimmel, hätte Erika jetzt festgestellt. Die junge Frau schnüffelte nicht in die Kirche hinein, sie marschierte an den weißen Kirchenbänken vorbei direkt durch den Mittelgang vor zum Altar, verbeugte sich und bog dann

durch eine Tür in die hinteren Räume, die Erika immer als Sakristei bezeichnet hatte, ab. Von dort kam sie mit einem dicken Buch und Notenblättern wieder. Auch die erkannte ich sofort als solche, denn Notenblätter hatte Erika auch immer mal mitgebracht. Ich drückte mich an der Wand entlang und maunzte leise. Nur ein wenig, gerade so viel, als dass sie mich hören konnte und aufsah – es klappte!
„Hey, wer bist du denn?“, fragte sie und kam vorsichtig und sehr langsam auf mich zu. „Du bist ja ein hübsches Kätzchen! Na, wie heißt du denn?“
Ich maunzte wieder und überlegte fieberhaft. Wie hieß ich denn? Gute Frage, Erika hatte mich immer nur Katze genannt! Und es war mir gar nicht komisch vorgekommen!
„Oh, du hast ja gar kein Halsband um, gehörst du niemandem? Ich habe dich hier auch noch nie gesehen, obwohl ich oft herkomme! Hast du Hunger? Soll ich mal sehen, ob ich etwas für dich finde?“
Hunger? Ich? Jawohl, und wie! Ich folgte ihr brav in das Haus neben der Kirche. Dort schien niemand zu wohnen oder zumindest war keiner zu Hause. Die junge Frau ging direkt auf die Küche zu, schien sich also hier auszukennen. Sie schaute in so ziemlich jeden Schrank, doch die meisten enthielten nur Geschirr und Besteck und solche Sachen. Erst in einem Eckschrank wurde sie fündig. Ich war inzwischen so hungrig, dass es mir fast schon egal war, was sie mir in den Napf füllte. Es war Thunfisch aus der Dose. Ausgesprochen köstlich und vor allem reichlich! Sie setzte sich neben mich und leistete mir Gesellschaft.
„Ich bin Marie, und du hast vielleicht gar keinen Namen! Lass uns mal überlegen, wie findest du Lucie?“

Ich schaute gar nicht hoch, denn ich war viel zu sehr mit dem Thunfisch beschäftigt. Als sie anfing, mich zu streicheln, machte ich kurz einen abwehrenden Buckel, denn beim Fressen gestreichelt zu werden, mag ich gar nicht.
„Also wohl eher nicht“, schlussfolgerte Marie. „Ich weiß es: Bella! Du bist wunderschön, kleine Katze. Ich nenne dich Bella, einverstanden?“ Sie klang richtig begeistert, also mauzte ich kurz, damit war die Namenswahl entschieden. Ich war Bella, von mir aus. Nun musste ich mir nur noch überlegen, wie ich Marie dazu bringen sollte, mich mit nach Hause zu nehmen. Ich futterte meinen Napf schön leer und schleckte ihn ordentlich sauber, dann folgte ich Marie, die sich die Notenblätter wieder geschnappt hatte und zielsicher die Empore mit der Orgel ansteuerte.
„Willst du mit rauf kommen, Bella?“, fragte sie überflüssigerweise. Klar wollte ich, daran ließ ich keinen Zweifel aufkommen.
Oben angekommen setzte sich Marie an die Orgel und begann zu spielen. Wie genau das ging, hatte ich schon bei Erika nicht verstanden, sobald die Musik ertönte, schlossen sich meine grünen Augen automatisch und meine Gedanken drifteten ab ins Reich der Träume. Orgelmusik war das Schönste, was ich mir vorstellen konnte! Fast noch besser, als das Geräusch, das beim Öffnen einer Futterdose ent-

stand. Verzückt schnurrte ich vor mich hin und merkte dabei nur am Rande, dass Marie immer mal wieder zu mir rüber schaute.

„Na, du bist ja ein richtiger Orgelfan, Bella“, lachte sie und legte eine kurze Pause ein. Sie reckte sich und ich war prompt zum Streicheln zur Stelle. Wie von selbst vergruben sich Maries Finger in meinem Fell, sie streichelte und kraulte mich und ich schnurrte dabei beruhigend – ein Geräusch, von dem ich wusste, dass Menschen es gern hörten. Dabei legte ich den Kopf leicht schräg und blinzelte Marie an. Ja, wir verstanden uns! Ich hätte mich gern ewig so weiterkraulen lassen, doch wir wurden gestört. Von draußen drangen Getrappel und Stimmen zu uns hoch. Marie stoppte ihr Streicheln, legte die Notenblätter beiseite und sprang die Stufen in den Kirchenraum hinab, wobei ich ihr auf den Fersen folgte. Sie öffnete das alte Kirchenportal und winkte der kleinen Gruppe zu, die sich draußen neugierig umschaute.

„Kann ich Ihnen vielleicht helfen? Möchten Sie die Kirche besichtigen?“, fragte sie lächelnd.

Ein grauhaariger Mann kam gleich näher und nickte ihr ebenfalls freundlich zu. „Oh, das wäre wirklich sehr nett, wenn das möglich wäre! Wir haben von dieser Kirche im Reiseführer gelesen. Wir kommen aus Regensburg und sind auf der Durchreise“, erklärte er und winkte seine Begleiter näher. „Kommt, wir können uns die Kirche ansehen!“, rief er ihnen so laut zu, dass ich unwillkürlich zusammenzuckte. Doch ich ließ mir nichts anmerken und blieb tapfer an Maries Seite. Die stellte sich den Besuchern vor:

„Ich bin Marie Brenner, bin 29 Jahre alt und die Kirchenmusikerin der Gemeinde. Willkommen in der Kirche hier in Böckelhain. Zu unserem Pfarramt gehören drei Kirchgemeinden mit sechs Kirchen“, sagte sie. Ich horchte auf. Sechs Kirchen? Da hatte sie ja gut zu tun! Das hieß aber auch, dass sie wohl nicht den ganzen Tag hier sein würde. Meine Alarmglocken schrillten gleich auf. Ich musste einen Zahn zulegen, mir einen guten Plan überlegen, wie ich Marie am besten so um meine Samtpfoten wickelte, dass sie gar nicht anders konnte, als mich mitzunehmen!

Marie ging mit den drei Herren und zwei Damen in die Kirche hinein.

Die Besucher waren sehr interessiert und stellten Marie Tausend Fragen. Zur Kirche, zur Orgel und zu weiteren Sehenswürdigkeiten in der Nähe. Marie wusste auf alles eine Antwort. Inzwischen hatte mich eine blonde Frau mit einem rosa Jäckchen entdeckt.

„Ja hallo, du bist aber eine hübsche Katze!“, sagte sie und streichelte mich. Normalerweise mochte ich das von Fremden ja nicht so gerne, doch ich wollte vor Marie einen guten Eindruck machen, deshalb fauchte ich nicht und fuhr auch nicht die Krallen aus, sondern ließ die Streicheleinheit über mich ergehen.

„Ist das Ihre Katze oder gehört sie hier zum Inventar?“, fragte die blonde Frau lachend und erhob sich wieder.

Marie lachte nun auch und warf mir einen langen Blick zu. „Sie ist heute plötzlich hier aufgetaucht. Ich glaube, sie liebt Orgelmusik!“

Marie streichelte mich und ich schnurrte ihr zärtlich zwischen den Beinen herum. Ich war ihre Katze, und ich würde

ihr schon noch beweisen, dass sie mich unbedingt immer um sich haben wollte!
Die Besucher gingen wieder und dann kam der alles entscheidende Moment – Marie ging auch. Erst streichelte sie mich noch ein bisschen, dann setzte sie mich entschieden vor der Kirche ab. „Ich komme morgen wieder und sehe mal nach, ob du noch da bist“, sagte sie. Und dann, schneller als mir einfiel, wie ich es hätte verhindern können, stieg sie in ihr Auto und brauste davon. Wäre ich ein Hund, hätte ich ihre Witterung aufnehmen und sie verfolgen können. Ich war jedoch nur eine recht abgemagerte Katze. Ich schnurrte also ein wenig rat- und ziellos um die hübsche Kirche herum und suchte mir ein Schlafplätzchen. So vollgefuttert, wie ich war, schlief ich auch rasch ein. Ich wurde nur ein paar Mal von einer kleinen Sippe Kirchenmäuse aufgeweckt, war jedoch zu müde und zu satt, um mich im sie zu kümmern.
Gleich als die Sonne aufging, legte ich mich auf die Lauer. Marie wollte kommen, das hatte sie gesagt, nun musste ich nur noch warten. Ich tigerte zum Straßenrand, wo ich vorsichtig nach beiden Seiten Ausschau hielt. Viel Verkehr war hier jedenfalls nicht, es war ja auch nur eine sehr kleine Straße! Dann kam ein Auto angebraust – Marie! Ich lief ihr sofort entgegen und an ihrem Gesichtsausdruck konnte ich sehen, dass sie sich auch freute, mich zu sehen.
„Na, Bella, hast du schon auf mich gewartet?“, fragte sie und nahm mich auf den Arm. Ach war das schön! Wir kuschelten eine Weile, dann servierte sie mir mein Futter in einem nagelneuen Napf.
„Ich hoffe, du magst pink!“, lachte sie. „Ein bisschen schrill,

aber im Haustiermarkt gab es nur Näpfe in seltsamen Farben." Sie war extra für mich einkaufen gegangen, freute ich mich. Sie blieb eine Weile, dann musste sie weiter. Zur nächsten Kirche, wie sie mir erklärte. „Ins Nachbardorf, dort gibt es auch eine schöne kleine Kirche und bald fängt der Gottesdienst an. Morgen früh ist dann in Doberwitz eine Trauerfeier, aber morgen Abend haben wir hier Chorprobe, da bin ich wieder da. Wenn du willst, kannst du wieder Futter haben", sagte sie. Und ob ich wollte! Pünktlich zur Chorprobe fand ich mich an der Pforte ein, wurde zunächst gefüttert und durfte dann in Maries Tasche mit hoch zur Orgel.

„Bleib schön drin, da sieht dich keiner", sagte sie und stellte die Tasche neben die Orgel. Und ich blieb drin, machte nur ganz, ganz leise Miau, wenn sie besonders schön spielte. Ich hatte keine Ahnung, was sie da zum Besten gab, der Chor sang unten, die Empore wäre für die ungefähr zwei Dutzend Menschen auch viel zu klein gewesen, aber dadurch war es hier oben nicht so laut. Sie sangen wieder und wieder das gleiche Stück, es hatte ein „Gloria" im Refrain und das betonte Marie beim Spielen auch immer. Ich hörte es so oft, dass es mir noch Stunden später, als Marie längst gegangen und ich wieder alleine war, in den Ohren hallte. Auf eine angenehme Art und Weise, eine, die mich sofort an Marie denken ließ.

Marie kam fast jeden Tag vorbei und kümmerte sich um mich, und als sie mal nicht konnte, schickte sie einen freundlichen jungen Mann vorbei. Er füllte auch meinen Napf und kraulte mich ein bisschen. Dann schrillte in seiner Tasche sein Telefon los, ein grässliches Geräusch, ich fauchte sofort und mir stellten sich die Nackenhaare auf.

„Du hast jetzt vielleicht die Katze erschreckt", lachte er in den Apparat hinein und ich hörte daraus laut und deutlich Marie sprechen.
„Ach, du und deine blöden Klingeltöne! Ich wollte doch nur wissen, ob du sie gefunden hast?", sagte Marie. Der junge Mann stöhnte genervt auf. „Klar doch, sie kam mir ja schon entgegen." Ich maunzte sicherheitshalber laut auf, vielleicht hörte Marie mich ja!
„Hier, hörst du?", rief er. Er hatte dunkle Haare, die von einem Basecap bedeckt waren, braune Augen, ein fröhliches Lachen und – oh Schreck – riesige Löcher und Risse in seiner Hose! Vorsichtig untersuchte ich sie. War er gefallen? Normalerweise trugen Menschen ja Hosen, die nicht kaputt waren. Zumindest die Menschen, die ich so kannte und die in die Kirche kamen. Hoffentlich hatte er sich nicht wehgetan!
„Guck mal, Marie, die Bella wundert sich über meine Jeans!", rief er lachend ins Telefon. Plötzlich hielt er mir das Telefon vor die Nase. Erschrocken maunzte ich auf.
„Marie, Bella merkt gerade, dass sie gefilmt wird, ist sie nicht süß?"
Gefilmt? Ich? Was bedeutete das denn? Dann verfing sich meine Pfote in einem Stofffaden, der an einem der Risse in der Hose herabhing. Automatisch fuhren sich meine Krallen aus, doch das machte es noch schlimmer, nun blieb ich auch noch damit hängen! Dabei musste ich den jungen Mann wohl gekratzt haben, denn nun schrie er auf. Aus dem Telefon, das er noch immer in der Hand hielt, hörte ich Marie rufen.
„Was macht ihr denn? Was ist denn los? Mike? Ist alles in Ordnung?", fragte Marie hörbar aufgeregt.

„Autsch, Bella, lass das!", rief Mike und ich versuchte, meine Krallen aus diesem Fadengewirr zu befreien. Doch es gelang mir nicht! Sie verhedderten sich immer mehr und bohrten sich dadurch immer weiter in Mikes Jeans.

„Bella hat sich in meiner Jeans verfangen!", rief Mike der immer noch am Telefon wartenden Marie zu. „Mist, ich kriege sie nicht raus und sie hat ganz schön fiese Krallen!"

„Du immer mit deinen blöden Ripped Jeans", schimpfte Marie. „Tu Bella bloß nicht weh! Nicht mal die Katze füttern kannst du. Ich komme. Bewegt dich so wenig wie möglich!"

Mike versuchte nun seinerseits, mich zu beruhigen, doch das war leichter gesagt als getan. Ich fühlte mich gefangen und bedroht. Selbst wenn ich gewollt hätte, ich konnte meine Krallen gar nicht einziehen. Nicht in Panik zu geraten, war eine große Herausforderung. Es dauerte eine gefühlte Ewigkeit, bis ich ein Auto heranbrausen hörte. Dann war Marie endlich da.

„Oh Bella, was machst du denn für Sachen?", sagte sie und besah sich das Malheur. Sehr vorsichtig nahm sie meine Pfote in die Hand und stupste die blöden Jeansfäden von meinen Krallen, während Mike mich festhielt. Marie schob die Fäden nach vorn und die, die sich nicht schieben ließen, schnitt sie mit einer kleinen Schere vorsichtig ab. Mike hielt ebenso still wie ich. Wir beide machten keinen Mucks, wir wollten schließlich beide heil aus der Sache rauskommen. Dann war es endlich geschafft! Marie schnappte mich und nahm mich auf den Arm. Sie streichelte und liebkoste mich, während ich meine lädierte Pfote ableckte. Mike rieb sich sein zerkratztes Knie.

„Du hast ganz schön scharfe Krallen", sagte er zu mir, woraufhin er von Marie nur einen missbilligenden Blick erntete.

„Am besten fahre ich mit Bella jetzt erst mal zum Tierarzt. Ehrlich, du und dein Aufzug! Mama findet das auch total unmöglich, wie du rumläufst. Du bist doch keiner dieser Gangster-Rapper! Außerdem bist du längst viel zu alt dafür!"

Marie nahm mich auf den Arm und stieg mit mir ins Auto. Ich war noch nie in meinem Leben mit einem Auto gefahren, also verhielt ich mich ganz still. Mike fuhr uns zum Tierarzt. Und ich versuchte, nicht die Nerven zu verlieren. Tierarzt! Und wie das da roch! Ganz abenteuerlich jedenfalls.

„Nehmen Sie Platz, wir rufen Sie dann auf", sagte eine freundliche aussehende Frau. Wir mussten eine ganze Weile warten, was aber weder Marie noch Mike etwas ausmachte. Er rieb sich immer mal wieder sein Knie.

„Ich gehe mal den Monteur umbestellen, falls er noch nicht da war", sagte er nach einer Weile. Marie nickte, drückte mich ein bisschen fester an sich und redete halblaut auf mich ein: „Meine arme kleine Bella! Das tut mir so leid! Ich wollte nicht, dass du heute hungern musst, deshalb habe ich meinen Bruder zur Kirche geschickt, damit er dich füttert. Aber ich wollte natürlich nicht, dass du verletzt wirst. Du bist aber auch ein neugieriges, kleines Ding. Klar, die Fäden haben dich zum Spielen gereizt, nicht wahr?"

Ich maunzte schuldbewusst – ich und meine angeborene Neugier! Doch Marie streichelte mich weiter. „Weißt du, mich reizt es immer, sie abzuschneiden! Oder mal kräftig dran zu ziehen, damit die Jeans so richtig kaputt geht. Ich meine, der Kerl ist knapp 35 Jahre alt, da sollte man sich ordentlich anziehen. Aber er hat sich schon immer schwergetan mit dem Erwachsenwerden!"

Dann wurden wir aufgerufen. Marie trug mich ins Behandlungszimmer und ließ mich keine Sekunde aus den Augen. Ein Mann im weißen Kittel besah sich meine Pfote, befühlte sie und entschied, dass sie geröntgt werden musste. „Nur zur Sicherheit", wie er betonte. Marie wurde ganz weiß um die Nase, wie sich rausstellte, wohl nur ein Zeichen ihrer Besorgnis, denn schlimm war dieses Röntgen nicht.

„Nichts gebrochen!", erklärte der Weißkittel hinterher. „Trotzdem sollten Sie Ihre Katze ein bisschen verwöhnen. So ein Schock kann noch nachwirken!"

Schock? Verwöhnen? Das klang großartig! Am liebsten wäre ich vor Freude vom Tisch gesprungen, aber ich unterließ das natürlich tunlichst. Stattdessen probierte ich es mit einem einigermaßen hilflosen Mauzen. So konnte Marie mich unmöglich wieder zur Kirche zurückbringen! Zum Glück sah sie das genauso. Und so kam es, dass ich dank Mikes zerrissener Jeans und meiner Neugier bei Marie einziehen durfte. Gar keine Frage, dass sie mich nun nicht mehr hergeben will. Schließlich wurde Mike sofort losgeschickt, um eine Transportbox für mich zu besorgen. Er brachte sogar eine Tasche an, mit Tragegurt und Einstiegsluke.

„Damit du Bella immer zu deinen Orgelkonzerten mitnehmen kannst!", grinste er.

Seitdem begleite ich meine Marie zu jedem Orgelkonzert. Dann steht meine rosa Tasche direkt neben der Orgel und wenn sie spielt, maunze ich ganz leise mit. So leise, dass nur Marie es hören kann.

Bildnachweis

Illustration bei der Paginierung: © brankospejs / Fotolia, Seite 9, 20: © Wellnhofer Designs / Fotolia, S.15: © DoraZett / Fotolia, S.26: © Grigorita Ko / shutterstock, S.31: © Dev_Maryna / shutterstock, S.35: © photomaster / shutterstock, S.40: © Javier Brosch / shutterstock, S.47: © Ezzolo / shutterstock, S.54: © seen0001 / Fotolia, S.61: © AlekseyKarpenko / shutterstock, S.64: © yod67 / shutterstock, S.72: © KREML / shutterstock, S.81: © Zoart Studio / shutterstock, S.86: © richardseeley / Fotolia, S.91: © blutack / shutterstock, S.97: © Eric Isselee / shutterstock, S.102: © hayo / Fotolia, S.111: © Selosh / shutterstock, S.115: © Melashacat / Fotolia, S.118, 125: © Africa Studio / Fotolia